Michelet Phot.

TROIS MOIS

SOUS LA NEIGE

PARIS. — IMPRIMERIE ÉMILE MARTINET, RUE MIGNON. 2.

LE CHALET

JACQUES PORCHAT

TROIS MOIS

SOUS LA NEIGE

JOURNAL

D'UN JEUNE HABITANT DU JURA

AVEC DE NOMBREUSES ILLUSTRATIONS

PAR

CHARLES DONZEL

PARIS

LIBRAIRIE CH. DELAGRAVE

15, RUE SOUFFLOT, 15

1881

INTRODUCTION

Jeunes amis,

Le récit que nous vous présentons, sous un titre qui peut vous étonner, repose cependant sur un fond de vérité; il ne surprendra nullement les personnes qui connaissent les pays de montagnes et les accidents auxquels leurs habitants sont exposés.

Puisque nous avons recueilli cette histoire, non seulement pour vous amuser, mais aussi pour vous instruire, nous décrirons en peu de mots les lieux où la scène se passe, ainsi que la vie dure et laborieuse des montagnards du Jura. Le récit principal en sera plus clair et plus intéressant pour vous.

Le Jura est une chaîne de montagnes, formée de plusieurs chaînes parallèles, qui s'étendent depuis Bâle, en Suisse, jusqu'en France, en longeant les départements du Doubs, du Jura et de l'Ain, dans la direction du nord-ouest au sud-ouest, sur une longueur de 280 kilomètres environ, et une largeur de 60 à 64. Le Jura renferme un grand nombre de vallées, et présente plusieurs sommets très élevés, parmi lesquels on distingue le Reculet, qui a plus de 1 740 mètres au-dessus du niveau de la mer, la Dôle et le Mont-Tendre, qui dépassent 1 700 mètres.

Ces détails sont importants à connaître, mes amis, car c'est en grande partie la différence de hauteur des montagnes qui les rend plus ou moins habitables : plus elles sont hautes, plus il y fait froid, plus l'été y est court, la végétation difficile, et la neige précoce et abondante ; il y en a même qui sont si hautes, que jamais elle n'y fond entièrement.

Mais toutes les montagnes du Jura finissent par s'en dépouiller chaque année ; quelque végétation s'y développe sur les sommets les plus élevés ; sur beaucoup de points, elles sont couvertes de bois magnifiques de hêtres, de chênes, et surtout de sapins, tandis que d'autres parties offrent d'excellents pâturages, où l'on nourrit de très beau bétail, et particulièrement des bœufs, des vaches et des chèvres. Néanmoins, ces belles montagnes ne sont guère habitables que pendant cinq mois de l'année, depuis mai ou juin jusqu'aux premiers jours d'octobre.

Dès que les neiges sont fondues et que les sommets reverdissent, les villages, tous bâtis dans les vallées ou sur les pentes inférieures, envoient leurs troupeaux à la montagne. Ce départ est un jour de fête, et pourtant les pauvres bergers vont s'exiler loin de leur famille, pendant toute la belle saison, pour mener une vie dure, laborieuse et pleine de privations. Ils se nourriront presque uniquement de laitage, n'auront souvent à boire que de l'eau de citerne, et passeront tout leur temps à paître leurs troupeaux et à faire ces grands et beaux fromages de pâte ferme qu'on vend sous le nom de *fromages de Gruyère.*

C'est à la montagne qu'ils se fabriquent. Là, chaque berger a un *chalet*, maison chétive, bien que bâtie le plus souvent en pierre. Elle est couverte en petites planchettes de sapin, nommées *bardeaux* ou *tavillons;* de grosses pierres, posées de place en place, les pressent de leur poids et empêchent que l'orage ne les emporte. L'intérieur du chalet est divisé en trois pièces : une étable bien close pour loger le bétail le soir ; une étroite et fraîche laiterie, où l'on dépose le lait dans des baquets de bois blanc, et une cuisine servant en même temps de chambre à coucher, où le pauvre berger n'a souvent pour lit que de la paille. Cette cuisine a une vaste cheminée, sous laquelle pend une énorme chaudière, pour chauffer le lait et le convertir en fromage.

Pendant toute la durée de leur séjour à la montagne, les bergers ne voient guère que quelques étrangers qui visitent le pays. Ils leur donnent volontiers de la crème, et reçoivent en échange un peu de pain frais, régal bien rare dans les chalets. Cependant ces pâtres ne se plaignent pas de leur sort; ils ne cherchent pas à changer de condition ; ils aiment leurs âpres solitudes, et restent fidèles aux coutumes, aux labeurs et aux foyers de leurs pères.

Leur campagne d'été ne finit qu'à la Saint-Denis, le 9 octobre. Alors ils quittent la montagne ; c'est une fête comme celle du départ, mais plus douce, puisque cette fois ils vont revoir leur famille. D'autres travaux, bien différents, commencent alors au village. Ces montagnards, obligés de se suffire en grande partie à eux-mêmes, sont très adroits ; ils fabriquent des ustensiles de ménage, des outils, des meubles, découpent et sculptent une foule de jolis objets en bois, qui, vendus dans le voisinage, se répandent ensuite dans toute l'Europe.

Pendant ces longues journées d'hiver, les enfants s'instruisent sous le toit paternel, le chemin de l'école n'étant pas toujours ouvert ou praticable. Rassemblés auprès de leurs parents, plusieurs enfants prennent le goût de l'étude, font en commun quelque lecture intéressante, et s'instruisent en même temps qu'ils distraient leur famille.

Notre jeune villageois n'est donc pas un esprit sans culture ; il a pu écrire son histoire, et nous avons voulu le laisser parler lui-même. Il nous apprendra comment il fut conduit à rédiger ce journal, et comment il en trouva les moyens, lorsque, par suite de circonstances qu'il nous fera connaître tout à l'heure, il se vit emprisonné, avec son grand-père, dans un chalet.

Nous souhaitons, jeunes amis, que vous ne soyez jamais exposés à de si rudes souffrances ; mais, dans le cours de la vie, vous aurez souvent besoin de patience et de courage : l'exemple de Louis Lopraz vous convaincra que l'enfant animé par la confiance en Dieu est capable d'efforts qu'on n'aurait pas attendus de son âge ; vous apprendrez que l'école du malheur est souvent la plus utile à l'homme, et que la bonté divine se révèle aussi clairement à notre égard dans nos afflictions que dans nos prospérités.

TROIS MOIS

SOUS LA NEIGE

Le 22 novembre 18...

Puisque c'est la volonté de Dieu que je sois enfermé dans ce chalet avec mon grand-père, je vais écrire jour par jour ce qui nous arrivera dans cette prison, afin que, si nous devons y périr, nos parents et nos amis sachent comment nous avons passé nos derniers jours, et que, si nous sommes délivrés par la bonté divine, ce journal conserve le souvenir de nos dangers et de nos souffrances. C'est mon grand-père qui veut que j'entreprenne ce travail, pour abréger un peu les heures qui vont être sans doute bien longues à passer et bien difficiles à remplir. Je rapporterai d'abord ce qui nous est arrivé hier.

Nous attendions mon père au village depuis plusieurs semaines ; la Saint-Denis était passée ; tous les troupeaux étaient descendus de la montagne avec leurs bergers. Mon père seul ne paraissait point, et l'on se dit chez nous : — Qu'est-ce qui peut le retenir ? Mes oncles et mes tantes assuraient qu'il fallait être sans inquiétude ; qu'il restait apparement de l'herbe à consommer, et que c'était la raison pour laquelle mon père gardait le troupeau quelque temps de plus à la montagne.

Mon grand'père finit par s'alarmer de ce retard; il dit : — J'irai moi-même savoir ce qui arrête François; je ne serai pas fâché de faire encore une visite au chalet. Qui sait si je dois le revoir l'année prochaine! Veux-tu venir avec moi? ajouta-t-il en me regardant.

J'allais moi-même lui demander la permission de l'accompagner, car nous ne nous séparons guère l'un de l'autre.

Nous fûmes bientôt prêts à partir. Nous montâmes lentement, tantôt en

NOUS MONTAMES LENTEMENT

suivant des gorges étroites, tantôt en côtoyant des précipices profonds. A un quart de lieue du chalet, je m'approchai par curiosité d'une pente escarpée; et mon grand-père, qui m'avait déjà dit plus d'une fois que cela lui donnait de l'inquiétude, s'avança rapidement pour me prendre la main; une pierre lui roula sous le pied, et il se donna une entorse, qui lui causa une douleur très vive; mais, au bout de quelques moments, il put marcher, et nous espérâmes que cela se passerait ainsi. En s'aidant de son bâton de houx et en s'appuyant sur mon épaule, il se traîna jusqu'ici.

Mon père fut bien surpris de nous voir. Il était occupé à faire des préparatifs pour le départ; en sorte que, si nous l'avions attendu tranquillement au village un jour de plus, il serait venu lui-même nous tirer d'inquiétude.

— C'est vous, mon père ! dit-il en s'avançant pour le soutenir. Vous avez cru qu'il m'était arrivé un accident ?

C'EST VOUS, MON PÈRE!

— Oui, nous venons savoir ce qui t'arrête, quand tous les voisins sont descendus.

— Quelques-unes de nos vaches étaient malades ; mais les voilà guéries. J'envoie Pierre ce soir même avec le reste de nos fromages ; je descendrai demain avec le troupeau.

— Es-tu bien fatigué, Louis ? me dit mon grand-père.

Le ton dont il me fit cette question m'annonçait quelque intention secrète, et je ne répondis pas d'une manière bien claire.

— Je pensais, ajouta mon grand-père, qu'il serait prudent de renvoyer l'enfant avec Pierre ; le vent a changé depuis une demi-heure, et nous amènera peut-être du mauvais temps cette nuit.

Mon père exprima la même crainte, et m'engageait à suivre ce conseil.

IL Y AVAIT ALORS SUR LE FEU UNE MARMITE

— Si tu veux, me dit grand-papa, je ferai un effort, et je descendrai avec toi; quelques moments de repos me suffiront.

— J'aimerais mieux vous attendre, dis-je à mon père, en me jetant à son cou. Une nuit de repos est bien nécessaire à grand-papa, qui s'est blessé au pied, parce que j'ai manqué à mon devoir.

Je racontai là-dessus ce qui nous était arrivé à quelque distance du chalet. Il fut convenu que nous descendrions ensemble le lendemain, qui était hier.

Il y avait alors sur le feu une marmite que je regardais avec des yeux

IL NOUS SERVIT, DANS UNE TERRINE, UNE SOUPE A LA FARINE DE MAÏS

où mon père vit un signe d'impatience. Il nous servit, dans une terrine, une soupe à la farine de maïs, cuite au lait, que nous mangeâmes, comme des soldats, à la gamelle ; après quoi, je me couchai. Je m'endormis, sans trop faire attention à la conversation de mon grand-père et de mon père, qui causèrent longtemps, à demi-voix, après souper.

Le lendemain, je fus bien surpris de voir la montagne toute blanche. La neige tombait encore avec une abondance extraordinaire, chassée par un vent violent. Cela m'aurait fort amusé, si je n'avais pas remarqué l'embarras de mes parents. Je fus bien inquiet moi-même, quand je vis mon grand-père essayer de faire quelques pas, et se traîner avec beaucoup de peine, en s'appuyant sur les meubles et contre les murs. L'accident de la veille lui avait fait enfler le pied, et il ressentait une douleur très vive.

— Partez, partez, nous dit-il. Emmène cet enfant, avant que la neige s'élève davantage. Tu vois bien qu'il m'est impossible de vous suivre.

— Mais croyez-vous, mon père, que je puisse vous abandonner!

— Mets d'abord en sûreté ton fils et le troupeau ; tu penseras ensuite à moi. Vous remonterez avec un brancard pour me tirer d'ici.

— Laissez-moi, mon père, vous porter sur mes épaules, et partons sans retard, je vous en prie.

—Mon ami, tu ne pourrais, si pesamment chargé, emmener le troupeau et guider les pas de cet enfant.

Nous passâmes ainsi une partie du jour sans prendre un parti. Nous espérions encore qu'on viendrait de chez nous à notre secours. Je dis enfin que j'étais assez grand pour me passer de guide, et pour aider mon père à conduire le troupeau. Ces représentations furent inutiles ; mon grand-père persista dans sa résolution. Il ne voulait pas nous mettre en danger, en nous chargeant de sa personne.

Mon père le pressait avec une vivacité qui ressemblait à l'emportement. Je pleurais. Enfin cette contestation s'apaisa, et j'ose dire que ce ne fut pas sans mon secours. Je dis à mon père :

— Laissez-moi aussi dans le chalet. Vous en arriverez plus tôt chez nous; vous reviendrez avec du monde pour nous délivrer ; grand-papa aura quelqu'un pour le servir et lui tenir compagnie : ce sera pour moi une occasion de reconnaître ses bontés ; nous nous garderons l'un l'autre et le Tout-Puissant nous gardera tous deux.

— L'enfant a raison, dit mon grand-père ; la neige est déjà si haute et l'orage est si fort, que je vois plus de danger pour lui à te suivre qu'à rester avec moi. Tiens, François, prends ce bâton ; il est fort, il est armé d'une pointe de fer : il t'aidera à descendre, comme il m'a aidé à monter. Fais

FAIS SORTIR LES VACHES DE L'ÉTABLE

sortir les vaches de l'étable ; laisse-nous la chèvre et les provisions qui restent. Je suis plus inquiet pour toi que pour nous.

Depuis un moment, mon père tenait la tête baissée : il la releva tout à coup, et me prit vivement dans ses bras ; je sentis ses larmes couler sur mes joues.

— Je ne te ferai point de reproches, mon cher Louis, mais tu vois les suites de ta désobéissance : promets-moi de n'y plus retomber. Dieu a permis ce que nous voyons, et, il faut bien l'avouer, ni ton grand-père ni moi n'avons prévu l'extrême embarras où nous sommes. Si nous avions supposé hier au soir que notre situation serait si fâcheuse aujourd'hui, nous aurions profité du secours de Pierre pour emmener le grand-papa.

Quand j'ai vu mon père près de partir, je lui ai présenté une jolie bouteille empaillée, où il restait un peu de vin, et dont je m'étais pourvu la veille.

— Prenez ceci, lui ai-je dit ; vous en aurez plus besoin que nous aujourd'hui. Vous savez que ma pauvre mère m'avait donné cette bouteille, la première fois que je vins vous faire visite à la montagne : je suis heureux qu'elle serve dans une occasion si importante pour vous et pour nous.

— Marie ! s'écria mon père avec émotion ; elle est en paix.

Et il me pressa encore une fois dans ses bras, en mémoire de celle qui ne peut plus me faire de caresses. Nous fîmes sortir le troupeau, qui parut bien surpris de trouver la terre couverte de neige. Quelques vaches s'écartaient et couraient autour du chalet. Enfin elles se sont mises en marche. Au bout de quelques pas, mon père a disparu dans les tourbillons de neige.

On ne le voyait plus, et mon grand-père semblait toujours le suivre des yeux. Il était appuyé sur la fenêtre, sans rien dire, mais ses lèvres paraissaient articuler quelques paroles ; il avait les mains jointes et restait immobile. Son recueillement m'a fait comprendre mon devoir : je me suis uni à ses sentiments, et j'ai recommandé mon père à Dieu. Nous sommes demeurés ainsi fort longtemps, puis le vent a soufflé avec plus de violence ; de gros nuage noirs nous ont enveloppés, et la nuit est tombée presque subitement. Cependant notre horloge de bois venait à peine de sonner trois heures.

— Bon Dieu, ayez pitié de lui ! dit mon grand-père ; mais il a passé la forêt depuis longtemps, et il n'est pas exposé à cette bourrasque. Comme il va être inquiet sur notre sort!

Nous avions été si distraits tout le jour, que nous n'avions pas pensé à prendre la moindre nourriture, et je mourais de faim. A ce moment, j'ai fait remarquer à grand-papa les bêlements de la chèvre.

— Pauvre Blanchette ! a-t-il dit. Son lait lui pèse; elle nous appelle. Allume la lampe; nous irons la traire et nous souperons.

— Nous déjeunerons aussi, grand-papa !

Cette parole le fit sourire, et, comme je pus m'en apercevoir à la clarté de la lampe, il reprit un air plus tranquille, qui me rendit un peu de courage. Cependant le vent grondait bien fort. Il s'engouffrait sous les bardeaux, qu'il faisait frémir, et l'on aurait dit que le toit du chalet allait être emporté. Je levais la tête par moments.

— Ne crains rien, m'a dit mon grand-père. Cette maison a soutenu bien d'autres orages. Les bardeaux sont chargés de grosses pierres, et le toit, peu incliné, n'offre pas beaucoup de prise au vent.

Ensuite il m'a fait signe de marcher devant lui, et nous sommes entrés à l'étable.

Quand la chèvre nous a vus, elle a redoublé ses bêlements; on aurait dit qu'elle allait rompre son lien, tant elle faisait d'efforts pour venir à nous. Avec quelle avidité elle a mangé la poignée de sel que je lui ai donnée! Sa langue a passé et repassé sur ma main, pour ne pas en laisser une parcelle. Elle nous a donné un grand pot de lait. J'en avais besoin. Mon père m'a dit, en revenant à la cuisine :

— Gardons-nous bien d'oublier encore Blanchette; nous la trairons soigneusement matin et soir; notre vie dépend de la sienne.

Je lui ai répondu :

— Vous croyez donc que nous resterons longtemps ici?

— Cela n'est pas certain, mon ami, mais cela peut être. Il faut toujours espérer le mieux, et prendre ses précautions comme si le pire devait arriver.

Après souper, je suis allé remplir la crèche de notre nourrice ; je lui ai donné de la litière fraîche ; je l'ai caressée, il faut l'avouer, plus amicalement que de coutume ; elle me semblait aussi plus joyeuse de me voir. C'est qu'elle est à présent toute seule dans l'étable ; les chèvres ont tant de

APRÈS SOUPER, JE SUIS ALLÉ REMPLIR LA CRÈCHE DE NOTRE NOURRICE

peine à se passer de compagnie ! Quand elle m'a vu rentrer à la cuisine, elle s'est mise à bêler d'un ton plaintif.

Nous sommes restés encore quelques moments au coin du feu ; mais il s'en faut beaucoup que l'on y soit aussi bien que dans notre maison de la plaine. La cheminée est aussi grande par le bas qu'une chambre ordinaire ; elle va en se rétrécissant par le haut ; mais l'ouverture est encore si vaste sur le toit, que la neige qui s'y introduisait, chassée par les tourbillons, nous incommodait extrêmement ; elle faisait un bruit désagréable en fondant au feu, et, de temps en temps, il nous fallait secouer les flocons dont nos habits étaient couverts.

— Tu le vois bien, mon enfant, a dit mon grand-père, nous ne pourrons trouver ce soir de la chaleur que dans notre lit. Allons nous y réfugier : la neige ne nous y atteindra pas; demain nous tâcherons de nous en préserver au coin du feu. Prions Dieu, et remettons-nous à sa garde; il est présent partout, sur la montagne comme dans la plaine; quand la neige qui nous couvre serait cent fois plus épaisse, nous n'en serions pas moins sous ses yeux; il voit nos mains jointes; il entend nos faibles soupirs. Oui, Seigneur, vous êtes avec nous; *nous reposerons sans crainte à l'ombre de vos ailes.*

J'étais ému, et je n'ai jamais prié avec plus de confiance qu'hier au soir.

Ce matin, à mon réveil, je me suis trouvé dans l'obscurité la plus complète, et j'ai d'abord supposé que le sommeil m'avait quitté plus tôt que de coutume; cependant j'entendais mon grand-père marcher à tâtons, et je me suis frotté les yeux, mais je n'en voyais pas plus clair.

— Grand-papa, ai-je dit, vous vous levez avant le jour!

— Mon enfant, a-t-il répondu, si nous attendions que le jour nous éclairât, nous resterions longtemps au lit. Je crois que la neige dépasse la fenêtre.

A cette nouvelle, j'ai poussé un cri d'effroi, et, sautant à bas du lit, j'ai allumé bien vite notre lampe, et vous avons pu nous assurer que la triste supposition de mon grand-père était fondée.

— Mais la fenêtre est basse, a-t-il ajouté ; d'ailleurs, il est probable que la neige a été amoncelée en cet endroit ; peut-être n'en verrions-nous pas deux pieds à quelques pas de la muraille.

— Alors on viendra nous délivrer ?

— Je l'espère; mais, après Dieu, comptons d'abord sur nous-mêmes. Supposé qu'il veuille nous tenir enfermés ici quelque temps, voyons quelles sont nos ressources, et, quand nous les connaîtrons, nous réglerons l'emploi que nous en devons faire. Le jour est venu, ce n'est pas douteux. Le *coucou*[1] marque sept heures. Heureusement je n'avais pas oublié de

1. C'est le nom que l'on donne aux horloges de bois qui se fabriquent dans ces montagnes, et dont la marche est très régulière.

le remonter hier au soir. C'est une précaution que nous devrons prendre soigneusement : on aime toujours à savoir comment on vit, et il faut que nous soyons ponctuels avec Blanchette.

PEUT-ÊTRE N'EN VERRIONS-NOUS PAS DEUX PIEDS A QUELQUES PAS

C'est ainsi que nous avons commencé la journée ; mais elle a été triste et fatigante : je ne peux plus tenir la plume ; grand-papa est d'avis que je renvoie à demain la suite de mon récit.

Le 23 novembre.

Si cela continue, j'aurai bien de la peine à écrire chaque soir l'histoire de la journée. Quand j'étais à l'école, on me louait souvent pour la facilité que j'avais à faire les petites compositions prescrites comme exercices aux plus avancés ; mais je suis bien loin de pouvoir dire et surtout écrire tout ce que je pense et tout ce que je sens. Je m'y appliquerai de mon mieux. Si ces pages doivent être lues un jour par quelques étrangers, ils n'oublieront pas qu'ils les ont trouvées dans un chalet, et qu'elles sont l'ouvrage d'un écolier.

Hier matin, quand nous eûmes reconnu que nous étions plus étroitement prisonniers que la veille, nous fûmes bien attristés ; cependant nous pensâmes au déjeuner et à la chèvre. Pendant que grand-papa était occupé à la traire, je le regardais de près, avec beaucoup d'attention.

— Tu fais bien, m'a-t-il dit ; il faut que tu apprennes à me remplacer. Tu vois que j'ai un peu de peine à me courber pour atteindre à la mamelle de Blanchette. Approche-toi, essaye de la traire toi-même.

Au bout d'un moment, je suis parvenu à faire jaillir quelques gouttes de lait ; mais il me paraît que j'ai blessé notre nourrice, car elle a regimbé, et il s'en est peu fallu qu'elle n'ait renversé le baquet ; depuis, c'est-à-dire hier au soir et ce matin, j'ai fait deux nouveaux essais, et j'ai mieux réussi.

Après déjeuner, nous avons fait la revue de ce qui se trouve dans le chalet pour notre usage. J'en donnerai le détail un autre jour ; j'ai encore tant de choses à dire, que je crains de rester en chemin comme hier soir.

Quand nous eûmes reconnu ce que nous avions en denrées et en ustensiles, nous désirâmes savoir quel temps il faisait. Je me plaçai sous la cheminée, et je regardai par la seule ouverture qui restât libre dans le chalet. Au bout de quelques moments, le soleil brilla tout à coup sur la neige, qui s'élevait autour de l'ouverture à une hauteur considérable. Je fis remarquer la chose à mon grand-père.

On distinguait assez bien l'épaisseur de la couche, parce que l'ouverture ne fait point de saillie sur le toit. C'est un simple trou, comme serait celui du fenil.

— Si nous avions une échelle, a dit mon grand-père, tu monterais là-haut et tu dégagerais une trappe que ton père a placée, m'a-t-il dit dernièrement, pour se garantir de la pluie et du froid, en attendant qu'on réparât la cheminée, qui était en mauvais état, et que l'orage a renversée.

— Si la cheminée était plus étroite, ai-je répondu, il n'y aurait pas besoin d'échelle, j'essayerais de monter comme les ramoneurs.

Nous sommes restés alors pensifs quelques moments; mais grand-papa s'est rappelé qu'il avait vu dans l'étable une longue perche de sapin, et il m'en a fait souvenir. J'ai frappé des mains en signe de joie.

— C'est tout ce qu'il me faut, ai-je dit; j'ai grimpé bien souvent à des arbres dont la tige n'était pas plus grosse. La perche a encore son écorce, c'est une facilité de plus.

Mais il fallait l'introduire dans le canal : voilà ce qui pouvait être malaisé. Heureusement, l'entrée en est fort large et fort élevée, et nous sommes venus à bout de l'entreprise, aidés encore par la souplesse du bois.

Ensuite je me suis mis à l'œuvre, après avoir attaché autour de ma ceinture une ficelle, afin de hisser jusqu'à moi une pelle, quand je serais en haut. J'ai tant fait des pieds et des mains, en m'appuyant aussi contre les parois du canal, que je suis arrivé sur le toit. J'ai commencé par m'y faire une place en déblayant la neige avec le secours de la pelle, et j'ai pu reconnaître qu'il y en avait environ trois pieds; autour du chalet, il me parut qu'il y en avait bien davantage. C'était en effet le vent qui l'y avait amoncelée; mais il n'en était pas moins tombé une masse énorme de neige dans un temps bien court.

Tout l'espace que l'on voit autour du chalet n'est qu'un tapis blanc; la forêt de sapins qui le couvre du côté de la vallée, et qui borne la vue, est blanche comme le reste, à l'exception des troncs, qui semblent tout noirs. Plusieurs arbres se sont brisés sous le poids; j'ai vu de grosses branches, et même des tiges, rompues en éclats.

Dans ce moment, il soufflait une bise[1] violente et glacée; les nuages

1. Vent du nord-est

sombres qu'elle poussait devant elle s'ouvraient par intervalles pour laisser briller le soleil, et cette clarté éblouissante courait sur le champ de neige avec la vitesse d'une flèche.

Le froid me gagnait. Quand j'ai voulu expliquer à grand-papa ce que je voyais, il s'est aperçu que je claquais des dents; il m'a dit alors de me hâter et de dégager la trappe, en déblayant, autant que je pourrais, tout l'espace autour de la cheminée. Ce travail m'a pris bien du temps et m'a donné beaucoup de peine, mais il m'a réchauffé. Après l'avoir achevé, selon les directions de mon grand-père, j'ai replacé la corde dans une poulie, de façon qu'en tirant à soi on ouvre la trappe, et qu'elle se ferme par son poids, quand on lâche la corde, qui passe hors du canal et par le plancher dans des trous pratiqués exprès. Après que nous eûmes fait deux ou trois fois cette petite manœuvre, pour nous assurer qu'elle réussirait toujours, je suis descendu plus facilement que je n'étais monté.

Mes habits étaient tout mouillés, et je n'en avais pas d'autres. Nous avons allumé un feu clair de branchages et de pommes de pin; puis, baissant la trappe, et laissant seulement l'espace nécessaire pour que la fumée pût s'échapper, nous avons ainsi passé la plus grande partie du jour au coin du feu, sans autre lumière que celle du foyer, car notre provision d'huile est bien petite, et nous voyons qu'il ne faut pas nous attendre à quitter de sitôt notre prison. Nous n'avons rallumé notre lampe qu'au moment de traire la chèvre.

C'est une chose bien nouvelle et bien triste pour nous de languir ainsi toute une journée. Je crois pourtant que les heures m'auraient semblé moins longues, si je n'avais été dans une attente continuelle. Il me semblait toujours qu'on allait venir nous délivrer. Je suis remonté sur le toit pour voir si personne n'arrivait; je n'ai pas cessé de questionner grand-papa. Il espère, dit-il, que mon père est arrivé chez nous en bonne santé ; mais peut-être les chemins sont-ils éboulés, ou les passages obstrués par des amas de neige.

Enfin, après avoir fermé complètement l'ouverture de la cheminée, nous nous sommes couchés hier avec l'espérance qu'on viendrait aujour-

NOUS AVONS AINSI PASSÉ LA PLUS GRANDE PARTIE DU JOUR

d'hui à notre secours; mais ce matin nous avons reconnu que, pour le moment, la chose est presque impossible.

Il n'a pas cessé, à ce qui nous semble, de neiger toute la nuit. Nous avons eu la plus grande peine à rouvrir la trappe; j'y suis enfin parvenu, et nous avons pu allumer du feu. J'ai trouvé deux pieds de neige nouvelle. Grand-papa ne veut plus que j'espère de quitter ce tombeau avant le printemps. Cette captivité n'est pas ce qui m'attriste le plus : les dangers que mon père a courus, et, s'il y est échappé, ses craintes à notre sujet m'inquiètent bien davantage.

Ce printemps, j'étais venu passer quelques jours auprès de lui, et j'avais apporté de l'encre, des plumes et du papier, parce qu'il ne veut pas que je cesse tout à fait d'étudier et d'écrire, quand je ne vais pas à l'école. Au moment de le quitter, je voulus emporter ce qui me restait de ce petit bagage, mais il me dit :

— Laisse tout cela dans cette armoire, tu le retrouveras l'année prochaine en bon état.

C'est là le papier et les plumes dont je me sers aujourd'hui, et bien autrement que je m'y attendais.

Le 24 novembre.

Je suis encore tremblant d'épouvante, quand je pense au malheur qui pouvait nous arriver ! Comment imaginer qu'ensevelis sous la neige, nous ayons manqué d'être consumés par l'incendie ? Voilà un nouveau danger contre lequel il faudra nous tenir en garde. Nous étions devant notre feu, et, pour passer le temps, mon grand-père me faisait un peu calculer; j'avais répandu de la cendre sur le foyer, comme on fait du sable, dans quelques écoles, pour tracer des chiffres dessus ; pendant que j'achevais mon petit calcul, à la clarté des tisons, nous avons senti de la chaleur par derrière : elle venait d'une gerbe de paille dont nous allions nous servir pour faire quelques ouvrages, et que j'avais placée trop près du foyer. Elle brûlait déjà par un bout. J'ai voulu me jeter dessus pour éteindre le feu : je n'ai réussi qu'à me brûler les mains. Grand-papa, malgré la peine qu'il a toujours à se lever, s'est élancé sur la gerbe, et l'a portée sans hésiter sous la cheminée, toute flambante.

— Écarte, m'a-t-il crié, tout ce qui pourrait prendre feu!

J'ai écarté nos sièges, la provision de bois et tout ce qui était dans le

NOUS TENIONS LA GERBE DRESSÉE

voisinage du foyer. Alors nous avons passé un moment affreux. La flamme allait toujours en augmentant; nous tenions la gerbe dressée contre le mur, à l'aide d'une fourche de fer et de la pelle à feu. Pas une goutte d'eau en réserve! Le chalet était éclairé par une flamme rougeâtre; la fumée ne pouvait se faire passage et nous suffoquait. Cependant, si nous laissions tomber la gerbe, le feu se répandait partout, et nous étions certainement perdus. Des brins de paille enflammés voltigeaient de côté et d'autre : ils pouvaient tomber sur le lit, au coin de la chambre, ou mettre le feu aux solives sur nos têtes ou à la cloison qui nous séparait de l'étable.... Il semble qu'une gerbe de paille doive être bientôt consumée, et pourtant j'ai cru que je n'en verrais jamais le bout. Enfin l'embrasement s'est apaisé.

— Marche vite, m'a dit grand-papa, sur ce qui brûle encore ; étouffe les moindres étincelles.

Il m'en a donné l'exemple lui-même. Au bout d'un moment, nous étions retombés dans une profonde obscurité; mais nous n'avons pas

NOUS LE REMPLIRONS DE NEIGE

cessé de craindre, avant de nous être assurés que le feu n'avait pris nulle part autour de nous. Peu à peu, la fumée s'est dissipée à son tour; nous avons allumé la lampe, et nous nous sommes vus noirs comme des charbonniers;

mais, grâce à Dieu, nous voilà sauvés, nous et notre chalet, sans autre mal que de légères brûlures aux mains et aux pieds.

Nous avons secoué la cendre et la poussière dont nous étions couverts, et mon grand-père, s'accusant encore de négligence, m'a dit :

— On ne saurait réparer trop promptement ses torts. Si nous avions eu sous la main un seau d'eau, nous aurions évité ce danger; nous avons

NOUS NOUS SOMMES DONC MIS A L'ŒUVRE

dans la laiterie un tonneau vide, il faut le défoncer par un bout et le placer sur l'autre au bout du foyer. Nous le remplirons de neige, qui sera bientôt fondue, et nous aurons une provision d'eau en cas d'accident. Mais surtout soyons plus prudents et plus attentifs. Je n'ai pas besoin de te dire que l'incendie du chalet serait notre mort; nous n'avons aucun moyen d'échapper ; un pareil accident est aussi redoutable pour nous que pour les marins sur l'Océan.

Nous nous sommes donc mis à l'œuvre sur-le-champ. Nous avons ouvert la porte du chalet, et nous avons rempli le tonneau, après l'avoir placé

J'AI EU LE CŒUR SERRÉ LORSQUE, EN OUVRANT NOTRE PORTE, J'AI VU DEVANT NOUS CETTE MURAILLE BLANCHE

dans un endroit convenable. Ce n'est pas la neige qui nous manquera! J'ai eu le cœur serré, lorsqu'en ouvrant notre porte j'ai vu devant nous cette muraille blanche, qui nous sépare du monde entier.

Le 25 novembre.

Dieu veut que nous mettions toute notre espérance en lui. La neige continue à tomber avec abondance. J'ai eu de nouveau beaucoup de peine à nettoyer la trappe qui en était chargée. Nous avons jugé prudent de débarrasser le toit d'une partie du fardeau qu'il porte. Je m'en suis occupé longtemps aujourd'hui. Je laisse sous mes pieds une couche de neige assez épaisse pour nous garantir du froid, et je fais tomber le reste.

C'est une distraction pour moi d'être un peu hors de mon cachot, et pourtant ce que je vois est bien triste. On ne distingue presque plus autour de la maison les inégalités du terrain ; la citerne, que je voyais encore hier, a complètement disparu ; rien de plus morne que ce paysage ; la terre est blanche, le ciel est noir. J'ai lu à l'école des récits de voyages dans l'océan Glacial et aux terres polaires : il me semble que nous y sommes transportés. Mais, puisque de malheureux voyageurs, qui ont tant souffert du froid et couru de si grands dangers, sont quelquefois revenus dans leur patrie, j'espère aussi que nous reverrons mon père et le village.

Nous ne sommes pas dépourvus de tout dans notre habitation solitaire. Nous avons trouvé plus de foin et de paille qu'il n'en faudrait pendant une année pour la nouriture et la litière de Blanchette. Si elle ne cesse pas de nous donner du lait, nous avons là un secours bien précieux. Mais un accident peut nous en priver, et nous avons été fort aises de trouver, dans un coin de l'étable, une petite provision de pommes de terre, que nous ménagerons. Nous avons commencé par les couvrir de paille pour les garantir de la gelée. C'est aussi à l'étable que mon père avait fait serrer le bois ; mais ce qu'il en reste serait insuffisant pour nous chauffer pendant un long hiver; c'est donc fort heureux que nous puissions fermer la trappe, dans les moments où nous n'aurons pas un besoin pressant de feu : quand on est exposé à manquer de combustible, il faut savoir d'abord écarter le froid. Heureusement la neige, qui nous emprisonne, nous abrite en même

NOUS AVONS COMMENCÉ PAR LES COUVRIR DE PAILLE

temps. Je suis surpris que nous sentions si peu le froid, ensevelis comme nous voilà.

— C'est ainsi, dit mon grand-père, que le blé se conserve si bien sous la neige.

Nous ferons de même ; nous nous tiendrons cachés tout l'hiver, et, au printemps, nous mettrons la tête à la fenêtre. Mais jusqu'à ce moment nous allons éprouver bien de l'ennui, et Dieu veuille que tout se borne là!

Pour suppléer au bois, nous avons un tas de pommes de pin, dont j'avais amassé moi-même une partie, pour les brûler au village. C'est par hasard qu'on ne les a pas descendues. Enfin, si nous y sommes forcés, nous n'hésiterons pas à brûler les crèches de l'étable. Quand il s'agit de sauver sa vie, on n'y regarde pas de si près ; nous ferons comme les navigateurs qui jettent leurs marchandises à la mer.

On avait déjà démeublé en grande partie le chalet. Ce que nous regrettons le moins, c'est la grande chaudière à faire le fromage. On nous a laissé quelques-uns des ustensiles nécessaires pour la cuisine et, de plus, une hache, mais tout ébréchée, et une scie qui ne coupe guère. Nous avions l'un et l'autre un couteau de poche. Quoiqu'il manque beaucoup de pièces à notre mobilier, nous saurons aller comme cela. Nous avons plus de regret aux provisions ; les nôtres sont chétives. Quel dommage de n'avoir trouvé que trois pains, de ceux que l'on garde toute une année à la montagne, et que l'on finit par briser à coups de hache!

Ils étaient dans une vieille armoire de chêne à moulures, que mon père a fait monter ici il y a quelques années, parce qu'elle prenait trop de place là-bas; nous y avons aussi trouvé du sel, un peu de café en poudre, un peu d'huile et une petite provision de saindoux.

— Voici qui vient à propos, ai-je dit en la découvrant.

— Fort bien, a dit mon grand-père, mais nous n'y toucherons pas pour notre cuisine; c'est mon avis. Ceci suppléera, pour la lampe, à l'huile dont nous avons trop peu. N'aimes-tu pas mieux y voir plus clair et te réduire à la plus maigre nourriture?

— Oui, sans doute! ai-je répondu. Comment supporter, sans cela, des veillées qui commencent dès le matin?

Nous n'avons qu'un lit, mais nous y dormons à l'aise; il est, suivant l'usage de nos montagnes, assez grand pour cinq ou six personnes. Il est placé dans un coin de la seule pièce d'habitation, qui en est même temps la cuisine et le laboratoire où l'on fait le fromage. Une seule couverture nous a été laissée; si elle ne suffit pas, nous avons de la paille et du foin. Point de draps, point de matelas, mais une grossière paillasse. Je voudrais bien une couche plus commode pour grand-papa : un bon lit fait oublier à un vieillard beaucoup de privations. Pour moi, qui dormirais sur la terre nue, et qui ai souvent passé la nuit dans le fenil, je n'ai rien à regretter ici.

— Je voudrais seulement, ai-je dit, avoir pendant trois ou quatre mois l'instinct des marmottes, et m'endormir jusqu'au retour de la belle saison.

Là-dessus mon grand-père m'a fait reconnaître mon ingratitude et ma folie. Il m'a dit :

— Laissons à la brute ce long sommeil : notre part est plus belle. Dieu nous condamne à la souffrance, il est vrai; mais il daigne se révéler à nous. Récompense magnifique! Accepte-la, mon fils, avec reconnaissance, et accomplis les devoirs qu'elle t'impose. *Veillez*, nous est-il dit, *car vous ne savez à quelle heure le Seigneur viendra.*

Le 26 novembre.

J'aurais encore à mettre dans notre inventaire plusieurs objets qui pourront nous être utiles; mais je n'en parlerai pas, tant il me tarde de rapporter ici la découverte que j'ai faite, et qui a été pour les deux captifs le sujet d'une vive joie.

En examinant l'état de notre mobilier et de nos provisions, j'avais cherché dans les plus petits recoins si je ne retrouverais pas quelques livres. Je savais que mon père ne montait jamais au chalet sans y porter plusieurs ouvrages de piété, afin de faire avec ses valets quelques lectures, à la place de l'office divin, dont ils étaient privés par l'éloignement ; mais apparemment il avait déjà renvoyé au village sa petite bibliothèque.

Nous regrettions bien vivement, dans notre prison solitaire, de n'avoir pas ce moyen de nous soutenir et de nous consoler pendant nos longues veilles. Aujourd'hui, ayant aperçu, derrière l'armoire de chêne, une planche qu'on y avait logée, j'ai voulu la retirer, jugeant qu'elle pourrait nous être bonne à quelque chose, et j'ai fait tomber en même temps un livre tout poudreux, égaré sans doute depuis des années. C'était l'*Imitation de Jésus-Christ*. En reconnaissant cet ouvrage, mon grand-père s'est écrié :

— C'est le meilleur des amis qui nous visite dans notre solitude ! Mon enfant, l'*Imitation* est un livre fait pour les malheureux, ou plutôt c'est un livre qui nous prouve, de la manière la plus touchante, qu'il n'y a qu'un malheur, c'est d'oublier Dieu, et un seul bonheur véritable, de l'aimer. Tu le vois, mon cher Louis, si nous sommes à l'écart, nous ne sommes pas abandonnés ; nous avons déjà trouvé ce qui soutient la vie du corps; nous possédons maintenant la nourriture de l'âme : il ne nous manque rien que de savoir en faire un bon usage.

« Mais remarque, mon enfant, par quelle suite d'évènements nous sommes amenés d'abord à ressentir le plus pressant besoin de l'assistance divine, ensuite à trouver ce secours, devenu si nécessaire ! Ton père se fait attendre quelques jours; nous nous inquiétons, et nous voulons connaître les causes de son retard. Si nous l'avions attendu un jour de plus, nous l'aurions vu reparaître : nous partons. Tu sais quel accident m'arrive sur la route, qui me rend le retour impossible le lendemain : la neige s'accumule, et nous voilà prisonniers. C'était le point où le Seigneur voulait nous amener pour nous approcher de lui. Après avoir cherché vainement ce qui nous manquait si fort, un livre capable de nous avancer dans la piété, tu trouves par hasard ce que nous n'espérions plus découvrir ! Voilà un

LE GRAND-PÈRE

exemple, entre mille, de ce qu'on appelle les voies de la Providence. En effet, elle a disposé les affaires du monde de sorte que l'une naisse de l'autre, et que nous soyons visités tantôt par la joie, tantôt par la douleur, et toujours exercés par l'épreuve ; car, dans ces agitations de la vie, dans cette succession d'évènements heureux et malheureux, le caractère se forme; nous pouvons acquérir les vertus qui font la dignité du chrétien; nous nous approchons par degrés de notre modèle; nous imitons Jésus-Christ.

J'ai répondu :

— Je n'ai pas besoin, mon grand-père, de vous dire à quel point je suis touché de ces réflexions : vous le voyez bien. Depuis que nous sommes ici, tout ce que vous me dites sur mes devoirs envers Dieu me frappe d'une manière nouvelle. Jusqu'ici, je priais pour suivre votre conseil; je m'y soumettais pour vous plaire; j'aime véritablement le Seigneur : mon cœur éprouve, à la pensée de Dieu, un attendrissemeut pareil à celui que réveille chez moi votre souvenir ou celui de mon père. Seulement, comme c'est une chose à laquelle je ne suis pas accoutumé, et sans doute aussi parce que l'idée de Dieu est grande et redoutable, mon amour pour lui est mêlée d'une crainte profonde, qui me trouble, mais que je suis heureux de ressentir. C'est à vous, mon grand-père, que je dois ces dispositions favorables, et je n'ose plus regretter l'accident qui nous arrête ici.

Après avoir tenu ces discours et beaucoup d'autres pareils, nous nous sommes embrassés, et nous avons gardé longtemps le silence. Je n'avais jamais senti une joie si douce et si forte. Ainsi Dieu sait changer le mal en bien; on est heureux d'être affligé; on bénit l'épreuve et Celui qui l'envoie.

Seigneur, vous m'avez approché de vous par la souffrance; ne permettez pas que je vous oublie, si la souffrance vient à cesser! Comme vous m'enseignez aujourd'hui la résignation, inspirez-moi plus tard la reconnaissance!

Le 27 novembre.

Toujours la neige; il est rare, dans cette saison, d'en voir tomber une si grande quantité, même sur les montagnes. Malgré cela, je ne cessais pas d'être étonné que mon père ne fût pas venu à notre secours, et je continuais d'en exprimer ma surprise. Jusqu'ici, mon grand-père n'avait pu se résoudre à me laisser voir son inquiétude; notre conversation d'aujourd'hui m'a fait connaître qu'il n'est pas moins alarmé que moi.

— En effet, lui disais-je, cette neige n'est pas survenue tout d'un coup; le premier, le second et même le troisième jour de notre captivité, on aurait pu, à ce qu'il me semble, ouvrir un chemin jusqu'à nous.

— Je suis bien sûr, a dit mon grand-père, que François aura fait tout ce qu'il a pu; mais peut-être n'a-t-il pas réussi à faire partager ses craintes à nos amis et à nos voisins, et il ne pouvait pas nous délivrer tout seul.

— Vous croyez que, pouvant nous tirer d'ici, on nous y aurait laissés, au risque de nous trouver morts au printemps? Est-ce que nos voisins auraient moins d'humanité que ces gens dont on parle quelquefois dans le journal, et qui entreprennent les plus rudes travaux, même au péril de leur vie, pour sauver des malheureux enfouis dans une mine, dans un puits ou sous les décombres d'un souterrain?

— Je conviens que notre position est triste, mon cher Louis; mais enfin on sait que nous avons un abri et quelques provisions.

— Mais on sait aussi que cela peut nous manquer; que vous êtes âgé et infirme, et que je n'ai pas encore les forces d'un homme : on doit avoir pitié de nous.

— On aura fait quelques tentatives, et l'on aura trouvé l'exécution trop difficile.

— Cependant, lorsqu'il faut ouvrir la grande route, encombrée par la neige, et faire dans toute sa longueur un large chemin aux voitures, on en vient à bout, et cela se voit presque tous les hivers.

— Mais c'est le gouvernement qui ordonne ces travaux pour le service public, et cela coûte beaucoup d'argent.

— Quoi donc! Ce qu'on fait pour la commodité des voyageurs, on ne le ferait pas pour sauver des malheureux en danger de la vie? Je trouverais cela bien cruel.

— Le gouvernement ignore sans doute que nous sommes ici.

— Mon père n'aura pas manqué de faire du bruit, et d'appeler tout le monde à notre secours.

Voilà ce que nous disions l'un et l'autre, et, grand-papa ayant fait silence, j'ai ajouté, en lui prenant les mains :

— Ne me cachez rien, je vous en prie. N'est-il pas vrai que vous êtes inquiet comme moi? Parlez-moi franchement. Depuis que je sais me résigner à la volonté de Dieu, je ne suis plus indigne de votre confiance : faites-moi part de vos suppositions, et ne me laissez pas plus longtemps livré aux miennes. J'aime mieux entrevoir plus clairement mon malhenr, et savoir là-dessus tout ce que vous pensez.

— Eh bien! mon pauvre Louis, je te l'avoue, je crains qu'un accident n'ait surpris ton père. Il faut bien te le dire; d'ailleurs, tu m'as pénétré. Je n'en reste pas moins dans le plus grand embarras; car, à son défaut, d'autres personnes ont dû penser à nous.

Alors je me suis mis à pleurer et à sangloter. Grand-papa m'a laissé quelque temps livré à ma douleur. Nous étions devant le feu qui s'éteignait. Nous sommes ainsi restés assez tard dans les ténèbres; mon grand-père tenait une de mes mains dans les siennes et la pressait de temps en temps.

— Je t'ai dit mes craintes, a-t-il enfin ajouté. Ne veux-tu pas que je te dise aussi mes espérances? Nous ne saurions tout imaginer. Le pouvoir de l'Éternel surpasse toute intelligence. Ne te laisse pas abattre, et conserve-toi pour ton père ou pour ton aïeul.

GRAND-PAPA M'A LAISSÉ QUELQUE TEMPS LIVRÉ A MA DOULEUR

Le 28 novembre.

Nous avons calculé, aussi exactement que possible, combien notre lampe brûle d'huile ou de graisse en un jour, et nous avons reconnu que si nous la laissions allumée douze heures par jour, nos provisions seraient épuisées en un mois. Nous avons donc résolu de nous réduire à trois heures d'éclairage. La lueur du foyer nous en tiendra lieu quelquefois; mais il faudra nous donner ce plaisir avec ménagement, et c'est dommage, car le bois de sapin produit un feu brillant dont j'aime le pétillement et l'éclat. Pendant que la lampe ne brûle pas, nous causons. Mon grand-père a toujours quelque chose d'intéressant à me dire, et je sortirai d'ici, pour peu que notre captivité se prolonge, bien plus instruit que je n'étais. Il y a plusieurs années qu'il ne peut guère travailler; il a passé ce temps à lire de bons livres, qu'un riche voisin lui prêtait; aujourd'hui, je profite de ses lectures. Il me fait aussi quelques leçons. Une de celles qui abrègent le mieux la journée consiste en exercices de calcul de tête. Il me propose de petits problèmes, et c'est à qui les aura résolus le premier. Quand l'un de nous est prêt à donner la solution, il avertit l'autre, et nous nous servons de contrôle. De cette façon, une heure ou deux sont bientôt passées. L'émulation s'en mêle. D'abord mon grand-père avait l'avantage sur moi, au point que, pour ne pas me décourager, il me laissait croire qu'il cherchait encore la solution, quand il l'avait déjà trouvée. Au bout de quelques expériences, mon attention s'est fortifiée, et il assure que ce n'est rien auprès de ce que je peux encore gagner.

Le 29 novembre.

Mon journal m'amène à une date que je ne peux oublier : c'est le 29 novembre que j'ai perdu ma mère; il y a de cela quatre ans. L'année dernière, ce jour était un dimanche. Après être sorti de l'église, j'ai été avec mon père faire le tour du cimetière, et nous nous sommes arrêtés quelques moments devant la tombe où repose la dépouille de notre meilleure amie. L'herbe n'était pas encore flétrie par le froid; quelques marguerites avaient refleuri, comme il arrive souvent. Il me semble que je les vois encore s'agiter au souffle du vent, comme pour nous saluer et nous remercier de notre visite. Nous sommes restés ainsi longtemps sans rien dire, des lèvres du moins, car nos mains qui se pressaient en disaient plus que toutes les paroles n'auraient pu faire.

Je n'ai pas assez vécu avec ma mère pour avoir pu connaître toutes ses vertus; mais les souvenirs qu'elle a laissés dans notre maison m'ap-

APRÈS ÊTRE SORTI DE L'ÉGLISE, J'AI ÉTÉ AVEC MON PÈRE FAIRE LE TOUR DU CIMETIÈRE

prennent toujours mieux la grandeur de la perte que j'ai faite. Depuis que ma mère est morte, je ne crois pas que mon père ait passé un jour sans me parler d'elle. Quelquefois il me regarde et démêle sa ressemblance sur mon visage, ou, si je lui parle, au lieu de me répondre : — Il me semble, dit-il, que c'est elle que j'entends.

Maintenant mon grand-père, qui me voit séparé de tous les deux, a la bonté de les rappeler sans cesse dans nos entretiens. Il me conte ce qui s'est passé chez nous avant ma naissance et depuis, avant que j'aie pu me connaître moi-même et connaître mes parents. Ah! quand il est sur ce sujet, je n'ai pas besoin d'autres distractions; nous pouvons éteindre la lampe et attendre sans impatience l'heure du repos. Tout ce qu'il me dit, à quoi il n'aurait pas songé peut-être sans notre accident, se grave pour toujours dans ma mémoire.

Ainsi donc j'ai fait longtemps la joie de mes parents sans le savoir et sans

MA MÈRE AU JARDIN

y penser! Je leur ai fait des caresses dont je ne me souviens plus; je leur ai dit, sans me rappeler ni l'occasion ni le moment, des paroles enfantines, auxquelles ils prenaient plaisir! C'était là tout le prix de leurs soins et de leurs veilles. A ce sujet mon grand-père me disait :

— Comment ne pas admirer la sagesse et la bonté de la Providence! Elle rend l'enfant aimable avant même qu'il sache aimer, en sorte que l'on craint plus vivement tous les dangers pour un être qui ne craint rien, et que l'on s'intéresse d'autant plus à lui qu'il ne peut prendre aucun souci de lui-même.

Pour moi, quand je cherche à rappeler mes plus anciens souvenirs, je vois grand-papa au coin du feu, ma mère au jardin, mon père entrant dans la maison, un fagot sur l'épaule. Peu à peu, ces images sont plus nombreuses et plus nettes, et je ne peux m'empêcher de comparer ces premiers temps de ma vie à la naissance du jour : d'abord on ne distingue pas même les plus grands objets; peu à peu, tout se dessine, tout s'éclaire, et nos regards saisissent les moindres détails.

Le 30 novembre.

Nous avons trouvé le moyen d'occuper nos mains pendant une partie du jour, sans qu'il ait été nécessaire de brûler plus d'huile que la prudence ne le permet : la lueur du foyer nous suffit. Comme nous avons des gerbes de reste, nous tressons, ou plutôt je tresse de la paille en longues cordes qui peuvent servir à différents usages. J'ai vu mon père entourer de ces liens nos carrés de pois, pour les soutenir; ou même les tendre autour des blés, et surtout du seigle, qui est si sujet à verser. Enfin, nous en garnirons des chaises, quand nous aurons le bois nécessaire pour les fabriquer.

Je m'assieds tout auprès du feu, et je m'arrange de manière à travailler dans l'espace peu étendu qu'il éclaire; mon grand-père suit mon travail des yeux, et me passe lui-même la paille, à mesure que j'en ai besoin. Il veille surtout à ce qu'elle ne nous cause pas une nouvelle alerte, et la tient à quelque distance du foyer.

Cette occupation nous amuse; il nous semble qu'en travaillant pour la belle saison nous la rapprochons de nous; d'ailleurs, cela ne nous empêche pas de causer; mon grand-père me fait conter ce qui se passait à l'école, où j'avais le malheur de trouver quelquefois le temps un peu long. J'aime surtout à lui rappeler les visites de ce riche et bon voisin, qui nous distribuait de temps en temps des livres en prix. Il nous donnait aussi des vers à apprendre par cœur. Ces jours-là, les heures passaient bien plus vite, surtout quand il nous lisait ces poésies, qu'il nous expliquait à merveille.

Mon grand-père m'a dit :

— Tu ne les as pas oubliées, j'espère, puisque elles te plaisaient tant? Et il a voulu que je lui en donnasse la preuve à l'instant même.

— As-tu écrit ces vers? m'a-t-il dit.

— Je les avais écrits, mais je les ai prêtés, et le cahier a été perdu.

— Eh bien, mon enfant, tâche de réparer cette perte vraiment regrettable. Je veux que tu me récites quelquefois ces poésies, qui me paraissent faites pour l'enfance; puis, un jour l'une, un jour l'autre, tu les écriras dans ton journal.

Je vais donc transcrire la première qui s'est présentée à ma mémoire.

CAROLINE ET LES PETITS OISEAUX

De sa maisonnette bien close,
Caroline aux champs regardait.
La bise avec fureur grondait;
Plus de feuillage, plus de rose :
Partout la neige et les glaçons.
Transis de froid, quelques pinsons
Des arbrisseaux du voisinage
Becquetaient l'écorce sauvage,
Mais n'essayaient plus de chansons.
— Pauvres petits ! la faim peut-être
Plus que le froid vous fait souffrir;
Le même Père nous fit naître :
De ses biens je dois vous nourrir.
Du pain bis déjà les miettes
Pleuvaient pour les tristes oiseaux;
Déjà, chère enfant, tu les guettes
A travers les brillants vitraux.
Un, deux, trois !... la volée entière
Accourt à ce friand repas;
Elle est toujours plus familière;
Tu parais : on ne s'enfuit pas.
Sans craindre fâcheuse aventure,
On revient chaque jour; enfin
Ce peuple chéri, dans ta main
Becquète à l'envi la pâture.
Que les moments te semblent courts ;
Ah ! si l'hiver durait toujours !
Mais la primevère indiscrète
Sourit au soleil printanier;
Voici déjà la violette,
A l'abri du vert groseillier;
Sans peine aux champs l'oiseau butine;
Plus de frimas : plus de pinsons !
Oiseaux, adieu ! Dans vos chansons
N'oubliez jamais Caroline.

Le 1er décembre.

Je sens une véritable frayeur en écrivant la date d'aujourd'hui. Si quelques jours du mois de novembre nous ont semblé si longs, que sera-ce du mois où nous entrons? Encore, s'il devait être le dernier de notre captivité! Mais je n'ose plus en prévoir le terme. La neige s'est tellement accumulée, qu'il me semble qu'un été ne suffira pas à la fondre. Elle s'élève maintenant jusqu'au toit, et, si je n'y montais pas chaque jour, pour dégager la cheminée, nous ne pourrions bientôt plus ouvrir la trappe, ni allumer du feu.

Mon grand-père me fait pitié de ne pouvoir pas sortir quelquefois de ce tombeau. Je lui demandais ce matin quelle chose il regrettait le plus, et il m'a répondu :

— Un rayon de soleil. Et pourtant, a-t-il ajouté, notre sort est bien moins malheureux que celui de beaucoup de prisonniers, dont plusieurs n'ont pas plus que nous mérité la réclusion. Nous avons du feu, souvent de la lumière; nous jouissons dans notre prison d'une certaine liberté, et nous y trouvons des sujets de distraction que n'offrent pas les quatre murs d'un cachot; nous n'avons pas chaque jour la visite d'un geôlier ou défiant ou cruel, ou seulement indifférent à nos peines; les maux que l'on souffre par la seule volonté de Dieu n'ont jamais l'amertume de ceux que nous croyons pouvoir attribuer à l'injustice des hommes; enfin nous ne sommes pas seuls, mon enfant, et, si ta présence dans ce chalet me donne des regrets, que je ne veux pas te cacher, elle m'est nécessaire : il me paraît que tu n'es pas non plus mal satisfait de ton compagnon; il n'y a pas jusqu'à Blanchette qui ne soit un adoucissement à notre captivité, et ce n'est pas, je t'assure, seulement pour son lait que je l'aime.

Ces derniers mots m'ont fait réfléchir, et j'ai proposé de rapprocher de nous cette pauvre petite bête.

— Elle s'ennuie fort toute seule, ai-je dit, elle bêle souvent; cela lui peut nuire, et à nous aussi par conséquent. Qui nous empêche de l'établir ici dans un coin? La place est assez grande pour nous et pour elle ; elle nous sera bien obligée de l'honneur que nous lui ferons, et peut-être en sera-t-elle meilleure nourrice.

La proposition a été bien accueillie, et je me suis mis à l'ouvrage ; j'ai disposé dans l'angle de la cuisine où il m'a paru que cela nous gênerait le moins, une petite crèche, que j'ai fixée au mur avec quelques gros clous ; j'ai augmenté la solidité de l'établissement en plantant deux pieux, pour servir d'appui, et, sans attendre davantage, j'ai amené Blanchette auprès de nous.

Qu'elle nous sait bon gré de ce changement! Elle est toute joyeuse, et ne cesse de nous remercier. Si cela devait durer, elle serait un peu fatigante; mais, quand elle aura pris l'habitude de sa nouvelle position, elle sera plus tranquille qu'auparavant. A cette heure même, pendant que je confie ces détails au papier, elle est couchée sur la litière fraîche; elle rumine paisible ment, et me regarde d'un air si satisfait, qu'elle semble deviner que j'écris son histoire. Rien ne lui manque à présent, et il y a une personne heureuse dans le chalet.

SANS ATTENDRE DAVANTAGE, J'AI AMENÉ BLANCHETTE AUPRÈS DE NOUS

Le 2 décembre.

Nous nous sommes oubliés, après souper, à faire des projets pour le moment de notre sortie, et il est si tard que je dois abréger mon journal. Il serait toujours bien rempli et bien intéressant, si je savais répéter tout ce que le grand-papa me raconte; mais il veut que je fasse plutôt l'histoire de notre vie que le récit de nos conversations. Aujourd'hui, je me contenterai d'écrire une fable, dont il a trouvé l'idée heureuse, et qui lui a paru donner une leçon dont bien des gens devraient profiter. En effet, il est bien commun, disait-il, de voir des hommes accuser autrui des maux qu'ils se font eux-mêmes.

LE LABOUREUR

Perrin, courbé sur le sillon,
Grondait ses bœufs et faisait rage,
Et, les pressant de l'aiguillon,
Disait : — Ouvriers sans courage !...

Le jour s'en va : voici le tard,
Et de leur tâche ils ont en somme
A grand'peine achevé le quart !
Il faut demain qu'on les assomme.

— Dieu soit loué ! dit le plus vieux;
Aussi bien ce travail nous tue.
Une mort prompte nous plaît mieux
Que votre éternelle charrue.

La méchante au pauvre animal
Attire et menace et piqûre :
Parlez-lui ; je ferais gageure
Que c'est elle ici qui va mal.

— Eh ! bien, dit l'homme, allez, charrue,
Allez donc ! n'entendez-vous pas ?
Devant, derrière, on s'évertue,
Et vous ne pouvez faire un pas !

— On se plaint de moi ! quelle injure !
Répondit-elle en gémissant,
Je vais de mon mieux, je vous jure :
Voyez ce fer obéissant !

Il est poli comme une glace,
Et brûlait moins sous le marteau.
Mais comment emporter morceau
D'un sol si dur et si tenace ?

— Ainsi, champ fatal, c'est donc toi
Que devrait punir ma colère !
Dit le rustre en frappant la terre.
Songe un peu que je suis ton roi !

Pourquoi ces barbares caprices?
Toujours trempé de mes sueurs,
Tu veux l'être encor de mes pleurs,
Et mon sang ferait tes délices!

A ces mots, du sein des guérets
Une voix s'élève et lui crie :
— Mets donc un terme à ta furie,
Ou je retire mes bienfaits.

Insensé, tes bœufs, ta charrue,
Ton champ, font très bien leur devoir;
Les défauts qu'en eux tu crois voir,
C'est chez toi qu'ils frappent ma vue.

Tu veux gronder? Apprends d'abord,
Apprends des experts du village
A bien guider ton attelage,
Et tais-toi, car toi seul as tort.

Le 3 décembre.

Aujourd'hui j'ai été attiré sur le toit par l'éclat du soleil. Un temps sec et froid a succédé aux longues neiges. Comme ce tapis blanc m'éblouissait les yeux, et que la forêt m'a paru belle! J'osais à peine dire à grand-papa tout le plaisir que j'avais eu; mais, à force d'y songer, j'ai trouvé une chose qui m'a paru d'abord la plus simple du monde, et je me reproche de ne m'en être pas avisé plus tôt. Il s'agit de déblayer la neige devant la porte et de faire un chemin à pente douce, en rejetant la neige des deux côtés. J'ai déjà mis la main à l'œuvre : mon grand-père pourra bientôt voir la chose qu'il regrette le plus, un rayon de soleil! J'ai travaillé tout le jour; il y a plus d'ouvrage que je ne croyais; mais j'aurais avancé bien davantage si on me l'avait permis. Voilà mes habits qui sèchent devant le feu, et je me suis enveloppé de la couverture pour noter dans mon journal l'heureuse entreprise d'aujourd'hui.

Le 4 décembre.

L'ouvrage avance; je l'ai continué tout le temps que grand-papa m'a laissé faire. Il avait eu avant moi l'idée de ce travail, et je l'ai grondé de m'en avoir fait un secret. Il craignait pour moi la fatigue et l'humidité, et ne voulait pas employer à son usage les forces de son petit-fils.

Le 5 décembre.

Nous pouvons sortir de chez nous : le chemin est fait ; il est battu ; j'ai eu le plaisir de le faire parcourir à mon grand-père, en le soutenant d'un côté, pendant qu'il s'appuyait de l'autre sur une barrière que j'ai fixée, par un bout à la maison, et par l'autre à un pieu enfoncé dans la neige.

Nous sommes restés quelques moments au bout de notre avenue, qui n'est pas longue ; mais le jour était sombre, et nous nous sommes trouvés fort tristes en voyant cette forêt noire, ce ciel nuageux et cette neige qui nous environne d'un silence de mort. Un seul être vivant s'est montré à nos regards : c'était un oiseau de proie, qui a passé loin de nous, en poussant un cri rauque. Il gagnait la vallée, et volait dans la direction de notre village.

— Chez les païens, a dit mon grand-père avec un triste sourire, on aurait expliqué ce que signifiait cet oiseau, son vol et son cri ; les hommes superstitieux auraient vu dans sa rencontre des sujets de crainte ou d'espérance. Suivrons-nous bientôt la route que cet oiseau paraît nous tracer? Dieu le sait ; mais il est trop bon et trop sage pour nous révéler notre sort, et, s'il voulait le faire, il ne se servirait pas de la brute pour prophétiser.

Viens, mon cher Louis, allons attendre l'effet de sa volonté. Je te remercie de la peine que tu as prise pour moi. Un autre jour, j'en profiterai mieux.

Nous sommes rentrés, et, contre mon attente, nous avons été plus

NOUS POUVONS SORTIR DE CHEZ NOUS

sérieux qu'à l'ordinaire ; malgré nos efforts, la conversation languissait. Ainsi l'effet ne répond pas toujours à notre espérance. Le temps sombre ne suffit pas pour expliquer notre chagrin ; il vient, je crois, d'avoir pu sortir de chez nous, de nous être figuré que nous étions libres, et de nous être sentis prisonniers comme auparavant.

Le 6 décembre.

Une idée mène à l'autre. Cette fois, mon grand-père a bien voulu parler le premier ; il savait que je profiterais autant que lui de sa proposition. Il m'a engagé à enlever la neige devant la fenêtre. Il faudra plus de temps, parce que l'amas en est plus considérable dans cet endroit; d'ailleurs, pour atteindre notre but et nous donner du jour, il faut que la pente soit moins rapide de part et d'autre. J'ai commencé la besogne, et je n'ai pas souffert que mon grand-père s'en mêlât. Il n'a pas insisté, sachant combien sa santé m'est précieuse.

— Je ne veux pas, a-t-il dit, t'exposer au moindre embarras, pour me donner quelque distraction.

Le 7 décembre.

Nous sommes moins avancés qu'hier; la neige recommence, et le vent est si froid que je n'ai pas eu la permission de travailler dehors. J'ai seulement enlevé, ce soir, la neige nouvellement tombée devant la porte. Il faudra maintenir mon ouvrage: tout établissement a besoin d'entretien; mais je ne manquerai pas de persévérance.

C'est par là que je suis arrivé à pouvoir traire la chèvre avec assez de succès pour que grand-papa ne craigne plus de m'en laisser le soin; et pourtant notre vie repose sur celle de Blanchette, qui, fort heureusement, se porte à merveille. Depuis qu'elle ne s'ennuie plus, elle donne plus de lait.

Le 8 décembre.

Le temps était plus doux aujourd'hui et j'ai repris mon ouvrage ; mais il m'est arrivé un accident, dont je n'ai fait d'abord que rire, et qui pouvait

BLANCHETTE

avoir cependant des suites fâcheuses. J'avais déjà enlevé beaucoup de neige, et je croyais approcher de la fin de mon travail, lorsque le monceau que j'avais rejeté au-dessus de ma tête s'est éboulé sur moi et m'a couvert tout entier. Mon grand-père, qui venait de rentrer dans le chalet, ne pouvait se douter de rien, parce qu'il m'avait donné les directions nécessaires pour me préserver de cet accident ; je les avais négligées, et je ne l'ai pas appelé d'abord de peur de l'effrayer ; j'espérais me tirer d'affaire moi-même. Je suis, en effet, parvenu à dégager ma tête, mais c'est tout ce que j'ai pu faire sans secours. Après m'être longtemps agité inutilement, parce que la neige n'offrait pas à mes pieds une base dure et solide, j'ai été forcé d'appeler mon grand-père à mon aide.

Il est venu tout alarmé, et s'est traîné péniblement jusqu'à la place où

NOUS AVONS EU LA PLUS GRANDE PEINE A POUSSER LE VERROU.

j'étais presque enseveli. Quand un de mes bras s'est trouvé libre par son secours, j'ai été bientôt dégagé; mais j'aurai de la peine à obtenir qu'il me laisse continuer ce travail, dont mon étourderie aura seule empêché le succès.

Le 9 décembre.

Seigneur, ayez pitié de nous! Nous venons de passer la plus terrible journée de notre captivité. Je ne savais pas encore ce que c'est qu'un ouragan dans les montagnes. A présent même, puis-je dire ce qui s'est passé au dehors? Nous avons entendu des mugissements effroyables; quand nous avons essayé d'entr'ouvrir la porte, nous avons vu des tourbillons de neige si rapides, et le vent s'est engouffré avec tant de fureur dans le chalet, que nous avons eu la plus grande peine à pousser le verrou. Nous avons aussi dû baisser la trappe, et d'ailleurs il n'était pas possible de faire du feu, parce que toute la fumée était rejetée au dedans.

Nous sommes restés ainsi longtemps dans les ténèbres, après avoir trait

NOUS AVONS LU QUELQUES PAGES DE « L'IMITATION »

Blanchette, et déjeuné de son lait sans le faire bouillir; seulement, avant d'éteindre la lampe, nous avons lu quelques pages de l'*Imitation;* ensuite mon grand-père a soutenu mon courage par sa sérénité ; ses paroles graves et pieuses se mêlaient, dans l'obscurité, au bruit de la tourmente. Au moment où l'on eût dit que la malédiction de Dieu pesait sur nous, il me parlait de sa miséricorde.

— Cette même puissance, me disait-il, qui se montre aujourd'hui si terrible, apparaîtra bientôt pleine de douceur et d'amour ; elle nous semble menacer à présent la nature d'une entière destruction, et nous croyons retomber dans le chaos, où se trouvait la matière avant les six jours de Moïse : aveugles que nous sommes! ces tempêtes ne sont que les préparatifs d'une création nouvelle. Tu reverras, mon enfant, nos plaines reverdies,

TES REGARDS SE PROMÈNERONT ENCORE SUR LES VERGERS FLEURIS

nos moissons dorées ; tes regards se promèneront encore sur les vergers fleuris et dans l'espace du ciel tout brillant de lumière. Ce changement merveilleux te fera-t-il reconnaître la toute-puissance de l'Éternel ? Sauras-tu l'aimer en ce temps-là comme tu le crains aujourd'hui ? Après avoir vu par quels efforts épouvantables la nature amasse sur les montagnes le trésor des eaux fécondes, qu'elle laisse écouler ensuite dans nos vallées ; après avoir compris en ce point les vues de la Providence, sauras-tu soumettre ta faible intelligence à son infinie sagesse? Comprendras-tu qu'il est aussi prudent que respectueux et doux de se reposer sur elle? Si tel est le fruit de nos souffrances, l'affreuse journée que nous passons doit être comptée parmi les plus heureuses de ta vie.

C'est par de telles exhortations que mon grand-père occupait ma pensée et soutenait mon courage. Nous étions assis sur notre lit, et nous avions étalé sur nous une gerbe de paille. Mon grand-père, s'étant aperçu que j'étais saisi d'un accès de pleurs, a passé un de ses bras autour de mon cou, et, joignant les mains sur ma poitrine, il m'a tenu longtemps embrassé sans rien dire. Enfin il s'est aperçu que j'étais plus calme, et que je n'avais pas attendu pour me remettre que la tempête fût apaisée : au contraire, elle était encore dans toute sa force.

— Eh bien, m'a-t-il dit, me laisseras-tu parler seul? N'as-tu rien à me répondre? ou n'as-tu pas assez de présence d'esprit pour exprimer ce que tu sens?

— Ne me croyez pas si peu raisonnable, ai-je répondu. Mon émotion et mes pleurs ne sont pas d'un cœur faible et lâche, et si peu digne du vôtre.

— S'il en est ainsi, mon enfant, a-t-il ajouté, en frappant sur la paille dont nous étions couverts, tu pourras me réciter un de vos chants d'école. Les moissons n'y sont pas oubliées sans doute, et ce chaume qui nous préserve du froid, après que son grain nous a nourris, me rappelle nos belles moissons de cette année.

— Vous me rappelez à moi-même, ai-je dit, celle de nos chansons que j'aimais le mieux; la voici :

LE CHANT DES MOISSONNEURS

Debout, debout pour les moissons,
Jeunes filles, jeunes garçons !
De l'alouette au gai ramage
Entendez-vous le chant d'amour ?
Nous troublerons son doux ménage :
Pour ses petits quel mauvais jour !

L'aube sourit dans le lointain :
Quel beau pays ! quel beau matin !
Le batelier fuit le rivage,
Et le berger sort du bercail:
Le vieux clocher pour le village
A sonné l'heure du travail.

Ah ! ce travail, c'est le bonheur;
C'était l'espoir du moissonneur.
Sous le marteau la faux résonne;
La troupe aux champs a pris l'essor,
Et sous ses mains, riche couronne !
Je vois tomber les épis d'or.

Pour assembler leurs flots épars,
Venez, venez, femmes, vieillards !
A nous, amis, des gerbes mûres,
A nous de serrer les liens :
Ouvrez vos flancs, larges voitures;
Suffirez-vous à tant de biens ?

C'est le ciel qui les a donnés,
Enfants, de bluets couronnés,
Assis sur la paille dorée,
Chantez-lui vos douces chansons :
Au village faites entrée;
Louange au Père des moissons !

Au milieu de ma récitation, est survenu un coup de vent plus fort que tous les autres, et nous avons entendu la porte craquer si fort que nous avons tressailli tous deux ; cependant j'ai achevé mes couplets, et mon grand-père, après m'avoir rassuré par quelques paroles, a gardé un moment le silence ; puis il m'a dit :

— Nous n'avons pas de feu aujourd'hui ; nous pouvons bien, par compensation, nous éclairer un peu plus longtemps ; d'ailleurs, il sera bon de voir ce qui a pu ébranler la porte, et, s'il est arrivé quelque accident, de le réparer aussi bien que possible.

Nous nous sommes donc levés, et, après avoir allumé la lampe, nous avons reconnu, en essayant d'entr'ouvrir la porte, qu'une masse de neige était retombée sur elle, en sorte que nous sommes enfermés comme auparavant. Il y avait peut-être de quoi m'affliger beaucoup, mais j'ai su me soumettre sans murmure à cette nouvelle contrariété.

— Considère, a dit grand-papa, que, si la tourmente nous avait surpris avant que le chalet eût été enfoui dans la neige, il n'aurait peut-être pas résisté. Acceptons avec une respectueuse résignation un état de choses auquel nous devons aujourd'hui d'être échappés au plus grand danger.

La tempête dure encore au moment où j'écris. Nous avons imaginé de faire bouillir notre lait à la flamme des pommes de pin. Ce feu produit peu de fumée, et répand une odeur de résine qui me plaît. Nous nous sommes un peu réchauffés. Nous venons de lire quelques pages de notre bon conseiller, et nous trouverons, s'il plaît à Dieu, un peu de repos sur notre paille.

Le 10 décembre.

Nous avons moins entendu le vent, aujourd'hui ; nous ne savons trop quel temps il fait ; nous croyons cependant que la neige continue de tomber abondamment ; du moins la trappe en est chargée, et je n'ai pu l'ouvrir, quelques efforts que j'aie faits pour cela. Nous sommes réduits à ne brûler que des pommes de pin, sous peine de nous enfumer. J'ai imaginé, pour éclaircir un peu nos ténèbres, de fendre quelques bûches de sapin en lattes minces, auxquelles je mets le feu par un bout ; cela brûle de soi-même quelques moments ; mais que je regrette ma fenêtre ! Elle est aussi obstruée qu'auparavant. Décidément, quand le temps le permettra, je ferai une nouvelle tentative pour nous donner un peu de lumière et de liberté.

Le 11 décembre.

Le froid est beaucoup plus vif. Quoique nous soyons ensevelis sous la neige, ce qui empêche peut-être que nous entendions l'orage, nous nous sentons glacés jusqu'aux os, en sorte que, pour ne pas souffrir de ce côté, nous nous mettons dans un nuage de fumée. Malheureusement, Blanchette paraît le souffrir avec moins de patience que nous, et pourtant il ne peut être question de la remettre à l'étable, où elle aurait froid, et où l'ennui la reprendrait certainement.

Mon grand-père assure que, pour se faire sentir à ce point dans notre maison, qui est si bien close, la gelée doit être des plus fortes. Il suppose que le vent a tourné au nord.

Le 13 décembre.

Nous avons eu hier une terrible frayeur ; aujourd'hui même, je suis à peine assez tranquille pour écrire ce qui s'est passé. Hélas ! nous ne sommes pas assurés d'avoir échappé à tout danger.

J'étais occupé à traire la chèvre, pendant que mon grand-père allumait le feu : tout à coup, elle a dressé les oreilles, comme frappée d'un bruit extraordinaire, puis elle s'est mise à trembler de tous ses membres.

J'en ai fait l'observation à haute voix, et, lui adressant la parole :

— Qu'as-tu donc, ma pauvre Blanchette? disais-je en la caressant; mais aussitôt nous avons entendu des hurlements affreux, comme sur nos têtes.

— Des loups ! me suis-je écrié.

— Tais-toi, mon enfant, caresse Blanchette, a dit grand-papa, et il s'en est approché lui-même pour lui donner un peu de sel. Elle continuait de trembler, et les hurlements ne cessaient pas de se faire entendre.

— Eh bien, Louis, que serions-nous devenus, si tu avais ouvert un passage jusqu'à la fenêtre? m'a-t-il dit à voix basse. Qui sait même si la cheminée n'eût pas été une entrée praticable pour ces bêtes affamées?

— Eh ! sommes-nous en sûreté, même dans l'état où nous voilà?

— Je l'espère, mais parlons bas, et ne cesse pas de caresser Blanchette ; ses bêlements pourraient nous trahir !

On aurait dit qu'elle s'en doutait, car elle ne faisait pas le moindre bruit. Grand-papa est venu s'asseoir auprès de moi ; je tenais la chèvre embrassée ; il avait la main posée sur mon épaule, et j'avais besoin de considérer sa figure calme et sereine, pour ne pas mourir de frayeur.

Tout ce que j'avais éprouvé jusqu'alors ne se peut comparer à l'angoisse où j'ai été hier, pendant presque toute la journée. Nous l'avons passée auprès de Blanchette, et, à plusieurs reprises, nous avons entendu les hurlements des loups. Il y eut un moment où cela devint si fort, que je crus notre dernière heure arrivée.

DES LOUPS! ME SUIS-JE ÉCRIÉ.

— Ils creusent la neige, disais-je en serrant grand-papa dans mes bras; ils vont nous dévorer.

— Je ne veux pas t'abuser, mon enfant, notre situation est pénible, mais je ne la crois nullement dangereuse. Ces loups peuvent parcourir la montagne, parce que la neige s'est durcie à la surface ; mais ils ne resteront pas longtemps sur les hauteurs. Dans cette saison, ils se rapprochent de la plaine et des villages. Peut-être ont-ils apporté jusqu'ici le corps de quelque animal : c'est en le dévorant qu'ils se querellent, et font ce vacarme dont nous sommes étourdis. Quand ils parviendraient à découvrir que nous sommes ici, ils ne pourraient percer la toiture et les lambris; ils ne devineraient pas où se trouve la fenêtre; ils ne sauraient pas lever la trappe : ils pourraient tout au plus nous fatiguer de leurs cris. Reconnaissons encore ici, mon cher enfant, la bonté de la Providence : l'orage qu'elle nous a fait essuyer nous a préservés; il a réparé, en détruisant les travaux, le tort que notre imprudence nous avait fait; il nous a refusé la lumière, dont tu voulais nous faire jouir, mais il nous sauvera la vie. Quel bonheur que ces loups ne soient pas survenus pendant que tu travaillais dehors! Nous serons mieux sur nos gardes à l'avenir.

— Ainsi donc, ai-je dit tristement, notre captivité est toujours plus dure! L'hiver ne fait que commencer; le froid peut devenir encore plus rigoureux; jamais nous ne sortirons d'ici!

Voilà les discours que nous avons tenus hier toute la journée. Jusqu'au soir, nous avons entendu ces loups féroces. Enfin nous nous sommes couchés; mais je n'ai guère dormi, quoique les cris eussent complètement cessé.

Aujourd'hui il m'a semblé les entendre plus d'une fois; mon grand-père assure que je me trompe. Il est vrai que Blanchette ne tremble plus; elle mange, elle rumine, elle dort comme à l'ordinaire, et nous croyons, puisqu'elle est tranquille, que nous pouvons l'être aussi.

Le 14 décembre.

Depuis qu'un nouveau danger nous menace, auquel je n'avais pas pensé jusqu'alors, je me sens triste et abattu. Ce n'est pas seulement l'affreuse idée d'être déchiré par des loups qui me poursuit, c'est la pensée que je ne pourrai plus, comme auparavant, sortir quelques moments de ma prison, et respirer le grand air; c'est aussi l'obligation de renoncer à dégager la porte et la fenêtre, ce qui aurait rendu notre situation plus supportable.

Avant ce nouvel accident, je me faisais une image presque riante de l'avenir. J'allais rendre à grand-papa la vue du soleil; nous jouissions, auprès de la fenêtre, d'un peu de clarté; nous étions distraits quelquefois par les objets du dehors; j'attendais, il me semble, sans trop d'impatience, la fonte des neiges et le moment de suivre les ruisseaux dans la plaine.

J'ATTENDAIS LA FONTE DES NEIGES

A présent, quelle différence! Nous ne savons plus ce qui se passe hors du chalet; il est devenu très incommode par le séjour de la fumée; il faudrait, pour nous délivrer de cette gêne, nous résoudre à n'être plus en sûreté. Dieu veuille que l'inquiétude croissante et la réclusion continuelle ne nous rendent malade ni l'un ni l'autre!

Mon grand-père voit mon découragement et le condamne; il me rappelle les sentiments que j'ai exprimés pendant ces derniers jours; il me trouve si différent de moi-même, qu'il ne me reconnaît pas. Je suis bien de son avis, et, je l'avoue, si je vais me coucher fort affligé de mon sort, je suis encore plus mécontent de moi.

Le 15 décembre.

C'est aujourd'hui dimanche. Que font nos amis et nos voisins pendant cette veillée que nous passons si tristement? Pensent-ils à nous? Oui, sans doute, si mon pauvre père est au milieu d'eux; mais, s'il a succombé, en voulant nous secourir peut-être, déjà les autres nous oublient; nous sommes morts pour le monde. On goûte au village le repos de l'hiver; on consomme gaiement les fruits de l'année; on se visite; on passe la soirée autour d'un feu brillant ou d'un poêle bien chaud. Je n'avais jamais senti, jusqu'à présent, combien les autres hommes sont nécessaires à notre bonheur. On partage les travaux, et ils sont moins pénibles; on partage les plaisirs, et ils doublent de prix.

Ah! si le Tout-Puissant me ramène un jour au milieu de mes frères, que je jouirai vivement de leur présence! Quel plaisir d'entendre le bruit et de voir le mouvement de la société villageoise! Quel bonheur de se sentir entouré de voisins qui nous aiment et qui nous protègent! Quelle douceur de se rendre des services mutuels! Mais nos amis doivent savoir combien nous souffrons ici : peuvent-ils bien nous laisser dans cet affreux abandon?

— Ne reste pas ce soir, me dit grand-papa, sur une idée si pénible ; c'est mal finir le jour consacré au Seigneur. Si les hommes nous oublient, pardonnons-leur, afin d'être aussi pardonnés de Celui que nous oublions trop souvent. Tu regrettes la société de tes semblables : celle de ton Père céleste devrait suffire pour te donner la joie et la paix.

J'ai répondu :

— Vous m'aiderez, mon cher grand-père, à retrouver les sentiments pieux

LE VILLAGE

qui m'animaient avant que je me visse exposé à une mort si cruelle. Donnez-moi, mon Dieu, la vertu de vos saints martyrs, qui surent affronter en vous bénissant les plus affreux supplices? S'il faut vous faire ici le sacrifice de ma vie, quelles qu'en soient la forme et les douleurs, donnez-moi leur courage pour l'accomplir! Des enfants même ont su vous glorifier au milieu des tourments.

Le 16 décembre.

Du lait de chèvre, quelques morceaux de pain sec et dur, des pommes de terre cuites à l'eau, et mangées avec un peu de sel, voilà de quoi se compose notre ordinaire. Encore sommes-nous obligés de ménager beaucoup nos pommes de terre : la provision en est petite. Quelquefois, pour en varier le goût, nous les cuisons sous la cendre. C'est ainsi que je les aime le mieux.

Jusqu'à présent, grand-papa n'avait pas voulu toucher à la poudre de café ;

IL S'Y EST ENFIN DÉCIDÉ AFIN D'ESSAYER DE SE REMETTRE UN PEU EN APPÉTIT

mais il s'y est enfin décidé afin d'essayer de se remettre un peu en appétit. Nos dernières inquiétudes l'avaient indisposé. Ce petit régal, qu'il a bien voulu s'accorder à ma prière, lui a fait du bien. Il voulait que j'en prisse ma part, mais je m'y suis absolument refusé. Nous réservons cela pour les cas de nécessité, et je n'en ai pas du tout besoin.

Le laitage peut sans doute suffire à l'homme pour sa nourriture ; les bergers des Alpes en vivent une grande partie de l'année, et les peuples qui se nourrissent de pain et de viande, et qui boivent du vin, ne sont pas toujours aussi vigoureux ; mais dans nos villages on est accoutumé à plus de variété ; d'ailleurs les habitudes d'un vieillard sont plus difficiles à changer, et il me fâche beaucoup de voir grand-papa réduit au lait de Blanchette.

Pour lui, il ne veut pas que je le plaigne, et, comme je lui disais ce soir combien je souffrais de ses privations, dont ma désobéissance a été la première cause, il m'a interrompu :

— Tu peux me dire des choses plus agréables, mon enfant. Récite-moi, pour finir la journée, une de ces petites pièces de vers qui se sont fixées dans ta mémoire.

En jetant les yeux sur Blanchette, qui semblait disposée à m'écouter aussi, je me suis rappelé une fable où il était question de personnes de son espèce. La voici :

LES CHÈVRES SAUVAGES

Un chevrier, dans la froide saison,
Ouvrit sa porte à des chèvres sauvages.
On ne trouvait plus d'herbe aux pâturages ;
Le mieux était d'accepter sa maison.
Pour les fixer dans ses foyers rustiques,
Durant l'hiver il les traita si bien,
Tant festoya ses hôtes faméliques,
Pleurant la vie aux chèvres domestiques,
Qu'elles séchaient, qu'elles venaient à rien.
Bref, sans daigner jeter les yeux sur elles,
Près de leur crèche il passait à la fin,
Tout occupé de ses chèvres nouvelles ;
Si bien qu'un jour il trouva mort de faim
Son vieux troupeau, ses nourrices fidèles.
Bientôt revint le temps où tout berger
Ouvre sa porte et se met en campagne :
Le nôtre aussi crut pouvoir déloger ;
Mais le troupeau connaissait la montagne,
Tout disparut, tout s'enfuit sans retour.
Aux vieux amis préférez ceux d'un jour,
Et vous saurez bientôt ce qu'on y gagne !

LES CHÈVRES SAUVAGES

Un bêlement de Blanchette, au moment où je finissais, nous a paru si plaisant à tous deux, que nous en avons ri de tout notre cœur. C'était notre premier mouvement de gaieté bien prononcée, depuis notre emprisonnement.

— Ne crains rien, ma belle, lui dit grand-papa en la caressant. Quand même nous n'aurons plus besoin de toi, tu seras toujours chez nous la chèvre favorite, et je te promets que tu mourras de vieillesse.

Le 17 décembre.

— Le temps s'écoule, l'hiver approche, disait aujourd'hui grand-papa.

— Comment! l'hiver approche! me suis-je écrié. Eh! n'est-il pas venu?

— Pas encore, selon l'almanach. L'hiver commence seulement le 21 décembre; jusque-là, nous sommes en automne.

— En effet, je me souviens que le maître d'école expliquait ainsi la division de l'année. Dirait-on que nous sommes encore dans la saison des fruits?

— Mon enfant, même dans la vallée, les récoltes sont faites depuis longtemps, tu le sais, et, sur les montagnes, l'hiver commence plus tôt.

— Et finit plus tard, ai-je dit tristement.

— Oui, mais il peut se radoucir assez pour que nous soyons délivrés avant le retour du printemps. Qu'un vent chaud du midi vienne à souffler pendant quelques jours, et ces neiges seront fondues plus vite qu'elles ne sont tombées.

— A quoi tient notre vie!

— Cela t'étonne! Dès la première heure de ta naissance, tu as été dans cette position dépendante. Nous vivons entourés de dangers, que le plus souvent nous ne remarquons pas; et ce que les circonstances où nous sommes actuellement y peuvent ajouter est peu de chose. Accoutume-toi, mon fils, à cette pensée que, d'un moment à l'autre, un accident imprévu, et souvent le plus léger en apparence, peut mettre fin à ta vie. Ainsi tu conserveras la prudence dans la position qui te semblera la plus sûre, et la fermeté au milieu des périls les plus menaçants.

A cette exhortation de mon grand-père, j'ai répondu, comme cela m'était arrivé plusieurs fois, en ouvrant l'*Imitation de Jésus-Christ*, pour lui citer un endroit en rapport avec ce qu'il m'a dit.

« Quand vous êtes au matin », ainsi [illegible] le [illegible], « [illegible] vous n'irez peut-être pas jusqu'au soir, et, quand vous êtes au soir, ne vous flattez pas de voir le matin. Soyez donc toujours prêts, de telle sorte que

A CETTE EXHORTATION DE MON GRAND-PÈRE, J'AI RÉPONDU EN OUVRANT L'*IMITATION DE JÉSUS-CHRIST* »

la mort ne puisse pas vous prendre au dépourvu. Plusieurs meurent d'une mort subite et imprévue. Car *le Fils de l'homme viendra à l'heure qu'on n'y pense pas.* »

— J'aime à voir, m'a dit grand-papa, combien ce livre te devient familier. Si tu continues, il sera bientôt pour toi un véritable ami ; il répondra souvent à tes pensées ; dans les occasions difficiles, il sera ton fidèle conseiller : il appuiera tes propres réflexions de son autorité respectable, et, comme tu le trouveras assez souvent d'accord avec toi, il te donnera le degré de confiance en tes forces que tu dois raisonnablement souhaiter. Voilà, mon enfant, l'usage qu'on peut faire d'un bon livre, et, je te l'assure, bien des gens possèdent de grandes bibliothèques, qui ne savent pas en profiter sagement, parce qu'ils ne cherchent dans la lecture qu'un amusement de l'esprit, et nullement une aide à l'expérience journalière. Ils vivent pour lire, au lieu de lire pour vivre. Tâche de ne pas les imiter.

Le 18 décembre.

Mon grand-père n'a presque pas mangé de toute la journée; il a encore essayé de mêler un peu de café avec son lait, et il en a bu quelques gorgées; il a consenti, sur mes instantes prières, à y tremper un peu de pain; il a fait des efforts, qu'il n'a pu me cacher, pour paraître comme d'habitude, tranquille et serein : j'en étais bien touché, mais cela n'a pas fait cesser mon inquiétude. S'il allait tomber malade, quand notre position devient chaque jour plus difficile et plus triste, mon Dieu! que nous aurions besoin de votre secours! Je l'implore ici de tout mon cœur en me résignant à tout ce qu'il vous plaira de commander!

Le 19 décembre.

Pourquoi me plaindre des difficultés qui m'entourent, puisque chacune est un aiguillon pour mon esprit et pour mon courage? La fumée nous fai-

5

sait tellement souffrir que nous désirions vivement, s'il était possible, en déblayant la neige qui la couvre; d'un autre côté, nous étions retenus par la crainte des loups. Eh bien, j'ai trouvé aujourd'hui moyen d'arranger tout cela ; nous pourrons faire du feu, nous en avons fait, sans être incommodés de la fumée, et sans nous exposer aux attaques de nos redoutables ennemis.

Mon grand-père se plaignait d'engourdissement, et je l'attribuais à la privation du feu; car il ne fallait guère compter ce que nous en donnaient les pommes de pin, quand nous étions obligés de nous en tenir à ce faible secours; j'avais remarqué, dans un coin de l'étable où nous tenons notre petite provision de pommes de terre, un tuyau de fer tout rouillé; je savais qu'il avait servi, l'année précédente, où l'on avait chauffé quelque temps le chalet au moyen d'un petit poêle qui n'existe plus maintenant.

— Si nous pouvions, ai-je dit, fixer ce tuyau sur la trappe, en y faisant une ouverture convenable !

— L'idée est heureuse, répondit grand-papa, mais l'exécution présente bien des difficultés. Comment faire cette ouverture? Comment t'établir là-haut pour ce travail? Cela n'est pas sans danger, et je ne souffrirai pas que tu t'exposes à un grave accident, pour m'épargner quelque incommodité.

J'ai gardé le silence, et je me suis mis à rêver. Je savais bien qu'il me serait inutile d'insister, aussi longtemps que je n'aurais pas trouvé les moyens de rassurer complètement mon grand-père.

J'ai vu d'abord que ce n'était pas une chose très difficile de percer le trou. La planche n'est pas fort épaisse, et l'un de nos couteaux est armé d'une assez bonne scie. Quelques jours auparavant, j'avais trouvé au fond du tiroir de la table une vrille, bien émoussée, il est vrai, mais avec laquelle on parviendrait cependant à percer une planche de sapin. Un premier trou pratiqué, je pouvais faire agir la scie, en l'introduisant par cette ouverture, et enlever un morceau de bois rond, mesuré sur le tuyau de fer. Mais comment me placer assez solidement pour exécuter cet ouvrage? J'avais une corde neuve et forte; je l'ai fixée solidement à la partie supérieure de la perche, en laissant un peu plus bas comme deux étriers, où je pouvais engager mes pieds, une fois que je serais arrivé en haut. J'ai pris d'ailleurs comme secours un autre bout de la corde, pour le fixer à l'anneau de la trappe et me l'attacher autour des reins.

Après avoir expliqué à grand-papa comment j'allais m'y prendre, j'ai obtenu qu'il me laissât faire, et j'ai si bien pris mes mesures que, du premier coup, le tuyau a passé par l'ouverture, où je l'ai fixé au moyen de quelques clous, enfoncés dans un rebord, que j'avais percé de place en place auparavant.

Je suis redescendu tout joyeux; j'ai enlevé du foyer la neige que le tuyau avait tranchée en s'élevant, et j'ai eu le plaisir de voir monter sans peine la fumée d'un feu pétillant, que mes mains venaient d'allumer.

Voilà l'emploi de toute ma journée; mais il faut considérer que les outils n'étaient pas des meilleurs, que la place était incommode, et surtout l'ouvrier inexpérimenté. Je ne mérite pas cependant tout ce que mon grand-père veut bien me dire pour me récompenser de ma peine. Je suis trop payé par le plaisir de le voir, les pieds sur les chenêts, se réjouir à la clarté du feu, et se réchauffer avant de se mettre au lit.

Après avoir entendu la lecture de ce qui précède, grand-papa exige que j'écrive encore ce qu'il va me dicter. C'est lui qui parle :

« J'ignore ce que l'avenir me garde; mais je veux, s'il est possible, que l'on ne puisse pas ignorer un seul des motifs que j'ai de bénir Dieu dans cette prison, si triste en apparence. Mon petit-fils s'exprime toujours avec la réserve qui lui convient, quand il parle de ce qu'il a fait, et je me garderai bien de blesser son humilité par mes éloges. « La louange des hommes ne nous rend pas plus saint, » dit le sage dont nous méditons chaque jour les leçons avec un nouveau plaisir; « vous êtes ce que vous êtes, et ce que les hommes peuvent dire de vous ne vous rendra pas plus grand aux yeux de l'Éternel. » Mais si la conduite de mon petit-fils me remplit de joie, je peux bien me permettre de la lui témoigner, surtout si je rapporte à Dieu la gloire de ce que je vois faire à cet enfant pour son aïeul. Oui, mon fils, à

GRAND-PAPA EXIGE QUE J'ÉCRIVE CE QU'IL VA ME DICTER

Dieu seul la gloire! C'est lui que tu as d'abord en vue dans l'accomplissement de tes devoirs. Aujourd'hui, par exemple, tout le temps que tu as consacré à ce travail difficile, qui devait m'être si profitable, a été sans doute pour toi un temps de prière. Tandis que tes mains agissaient de toutes leurs forces, ton jeune cœur s'élevait à Dieu avec l'ardeur de ton âge; tu lui demandais que le succès répondît à nos désirs. Heureux emploi de la vie! Voilà comme il faut toujours travailler. Citons encore notre sage :

« Les occupations extérieures tirent souvent l'âme au dehors, et l'empêchent de se recueillir et de se tenir présente à Dieu; mais quand on ne fait que se prêter à des emplois extérieurs, pour se livrer, en les remplissant à la volonté de Dieu, qui nous y applique, alors on n'y est point dissipé, et l'on n'y fait en divers emplois qu'une chose, qui est de chercher à contenter Dieu. »

— Faites, Seigneur, a dit enfin mon grand-père, que le vieillard ait lui-même la sagesse qu'il souhaite à l'enfant! Si vous vous êtes servi de moi pour appeler à vous mon petit-fils, continuez, je vous en prie, à vous servir de lui pour mon propre salut! Ainsi soit bénie mon épreuve, et bénie la captivité à laquelle vous me condamnez avec lui! Je ne refuse rien, Seigneur; j'accepte toutes les souffrances, si elles peuvent servir à nous approcher de vous.

Le 20 décembre.

— Je ne voudrais pas, a dit mon grand-père, t'effrayer mal à propos; cependant nous ferons bien de prendre des précautions pour le cas, peu probable, où les loups reviendraient, et découvriraient le chemin de notre unique fenêtre. Je vois cette ouverture mal fermée; le châssis en est faible et vieux; il ne résisterait pas aux efforts de l'ennemi : occupons-nous à fortifier sur ce point notre citadelle.

Nous y avons travaillé avec succès. Le grès qui forme l'encadrement est assez tendre : nous avons pratiqué deux trous en haut et deux en bas, à l'aide d'un fer pointu, qui nous a tenu lieu de ciseau; nous avons fixé dans ces trous deux barreaux de chêne, enlevés à nos crèches inutiles. Pour plus de sûreté, nous avons placé en dehors, contre les barreaux, quelques planches ajustées, aussi bien qu'il nous a été possible, dans deux rainures ouvertes de chaque côté. Maintenant nous ne craignons pas plus une invasion par la fenêtre que par la porte.

Pour celle-ci, nous la tenons constamment fermée au loquet et au verrou. Nous ne l'ouvrons que rarement et avec précaution, quand nous voulons faire provision de neige; car nous n'employons pour les besoins de notre ménage que de la neige fondue, et nous n'avons pas remarqué jusqu'à présent qu'elle soit moins saine que l'eau ordinaire.

Le 21 décembre.

Nous ménageons l'huile, et cette économie a failli nous coûter une grande jarre de terre cuite où nous tenons l'eau potable. Mais ici encore le bien est sorti du mal, comme on va le voir. La jarre était placée dans un coin : en cherchant dans l'obscurité, je ne sais plus quel objet, je l'ai heurtée et renversée. Heureusement le sol du chalet n'est que de terre battue; la jarre ne s'est pas brisée.

— Prévenons un nouvel accident, a dit mon grand-père. Creuse dans ce coin une petite fosse, où la jarre, dont la base n'est pas assez large pour sa hauteur, sera logée et mieux en sûreté.

J'avais allumé la lampe pour faire ce travail, et je m'étais armé d'une pioche; au moment où j'allais porter le premier coup : « Arrête! » m'a dit vivement grand-papa, comme saisi d'une pensée soudaine. Puis il s'est approché; il m'a pris l'outil des mains, et s'est mis à creuser lui-même le sol, mais à petits coups et avec beaucoup de précaution. Je lui ai demandé ce qu'il cherchait : car je voyais bien, à la manière dont il travaillait, qu'il avait beaucoup plus de crainte de briser quelque chose de caché en terre que d'avancer l'ouvrage dont il m'avait chargé d'abord.

— Je ne me trompais pas, mon cher ami, m'a-t-il dit bientôt, en découvrant une bouteille. Au moment où je t'ai vu lever le bras, je me suis tout à coup rappelé que j'avais posé dans cet endroit, il y a quelques années, quatre ou cinq bouteilles de vin, qui restaient de notre provision d'été. Depuis, je les avais oubliées. Pose celle-ci sur la table; il ne nous reste plus qu'à chercher les autres. Elles ne sont pas en grand nombre, je le sais positivement; cependant, mon cher Louis, je regarde cette trouvaille comme très heureuse. Tiens, voici la seconde et la troisième...

Bref, nous les avons retrouvées au nombre de cinq, et j'ai pressé grand-papa d'en goûter sur-le-champ. Que j'ai eu de plaisir à lui verser un demi-verre de ce vin vieux! La nourriture à laquelle il est réduit depuis un mois lui rend ce cordial bien nécessaire; mais il n'a pas voulu en prendre davantage, estimant que cette boisson était un remède à ménager. Je me suis fondé là-dessus pour en refuser ma part, n'ayant besoin de me guérir de quoi que ce soit.

— Mouilles-en du moins tes lèvres en l'honneur de ce jour, a dit mon grand-père; c'est le dernier de la saison des vendanges, ou, si tu veux, c'est le premier de l'hiver. Le soleil va revenir sur ses pas et se rapprocher de nous; les jours grandiront, d'abord peu sensiblement, il est vrai, mais c'est comme le retour de l'espérance, il faut le saluer d'un cœur joyeux.

J'ai fait ce qui m'était demandé; puis j'ai mis à part, et couché avec un grand soin cette provision inattendue, dont j'espère un heureux effet sur la santé de mon vieil ami.

Ce petit incident a ranimé notre courage; nous avons causé longtemps; grand-papa m'a donné une leçon d'astronomie, et je crois avoir bien compris maintenant comment la terre se meut autour du soleil, comment se forment la nuit et le jour, l'hiver et l'été, le printemps et l'automne... A propos de la forme de notre terre, qui est un globe, quoiqu'il n'y paraisse pas, je lui ai récité une des pièces de vers que j'avais apprises à l'école.

LE PÈRE ET L'ENFANT

L'ENFANT

Père, apprenez-moi, je vous prie,
Ce qu'on trouve après le coteau
Qui borne à mes yeux la prairie.

LE PÈRE

On trouve un espace nouveau,
Comme ici, des bois, des campagnes,
Des hameaux, enfin des montagnes.

L'ENFANT

Et plus loin?

LE PÈRE

D'autres monts encor.

L'ENFANT

Après ces monts?

LE PÈRE

La mer immense.

L'ENFANT

Après la mer?

LE PÈRE

Un autre bord.

L'ENFANT

Et puis?

LE PÈRE

On avance, on avance,
Et l'on va si loin, mon petit,
Si loin, toujours faisant sa ronde,
Qu'on trouve enfin le bout du monde...
Au même lieu d'où l'on partit.

Le 22 décembre.

J'ai appris par la géographie que les peuples des montagnes ont des mœurs à part.

— Et l'on ne doit pas s'en étonner, dit mon grand-père, quand on voit combien leur manière de vivre est différente de celle des autres peuples. Les montagnards sont confinés une grande partie de l'année dans leurs cabanes écartées, et, quand ils en sortent avec leurs troupeaux, c'est encore pour chercher la solitude. Un berger des Alpes jouit moins de la société des hommes pendant une année, que l'habitant de nos villages pendant un mois. Cette vie solitaire doit avoir sur le caractère des effets marqués. On est plus concentré en soi-même; on vit sur ses propres réflexions; on s'accoutume à combattre avec ses seules forces contre les obstacles d'une nature sauvage. Cette vie pénible doit former à la patience et à la résignation. C'est presque la vie de ces ermites qu'on nous représente passant leurs jours dans des austérités continuelles et dans une silencieuse contemplation.

Ainsi parlait mon grand-père, à la lueur de notre foyer, et il me paraissait à moi-même un de ces saints hommes, objets de la vénération publique dans les siècles passés. Sa barbe commence à couvrir le bas de son visage; il porte un bonnet garni d'une fourrure grise; son habit brun est du drap le plus grossier : son costume forme une opposition singulière avec la douceur de son regard et de son sourire. Quelquefois je reste longtemps à le considérer, et, si je pense à tout ce qu'il doit souffrir, soit à cause de moi, soit par l'infirmité de son âge, mes yeux se remplissent de larmes.

Mais nous avons soin de nous arracher l'un l'autre à nos tristes réflexions. Mon grand-père ne demande pas mieux que de lier la conversation, et je tâche de la lui rendre agréable par mon attention docile, ne pouvant guère conter à mon vénérable ami des choses qui l'intéressent. Aujourd'hui, il m'a entretenu des travaux auxquels se livrent pendant l'hiver les montagnards des Alpes et du Jura.

Oh! que je porte envie à ceux qui peuvent abréger cette saison par des occupations régulières! Si j'avais, comme plusieurs, les matériaux, les outils et l'adresse nécessaires pour faire de ces jolis ouvrages en bois qui se fabriquent surtout dans l'Oberland bernois, et qui se vendent jusqu'à Paris; ou, si j'étais assis devant un établi, comme les horlogers de la Chaux-de-Fonds et de la vallée du lac de Joux, qui font des montres si renommées par leur exactitude; si seulement j'avais le bois nécessaire pour faire des échalas, de grossiers baquets et des tonneaux, comme d'autres habitants de nos montagnes, je ne me plaindrais pas de mon sort; il n'y a guère de situations dans la vie qu'un travail assidu ne rende agréables ou du moins supportables.

Lorsque la lampe ou le feu du foyer nous éclaire, j'essaye de construire des ruches de paille; mais, si grossier que soit ce travail, je ne peux y vaquer sans lumière; il faut l'interrompre la plus grande partie de la journée et je suis heureux de trouver alors dans la conversation de grand-papa un sujet de délassement toujours nouveau. Si le silence et la solitude se joignaient à l'obscurité, notre position serait affreuse.

Le 23 décembre.

Grand-papa s'est plaint de douleurs et d'engourdissement dans les membres. Nous avons soin de marcher tous les jours quelques moments en long et en large dans notre prison, autant que l'étroit espace nous le permet. Cet exercice nous est nécessaire; grand-papa le fait en s'appuyant sur mon bras. Aujourd'hui, il a présenté devant le feu ses pieds nus, et j'ai remarqué avec douleur des traces d'enflure. Il m'assure que ce n'est pas une chose nouvelle, et que cela ne doit pas m'alarmer.

Je l'engage, chaque soir, à prendre un doigt de vin pour soutenir ses forces, et il est très disposé à soigner sa santé, bien plus afin de m'épargner des inquiétudes que par attachement à la vie. Mon Dieu, conservez-moi l'unique ami qui me reste peut-être sur la terre!

Le 24 décembre.

Nous imaginons chaque jour quelque nouveau moyen de remplir nos heures pour combattre l'ennui, et certainement nous avons gagné aujourd'hui quelque chose, grâce à notre persévérance.

— Nous sommes aveugles pendant une partie du jour, a dit mon grand-père; mais les aveugles savent bien souvent occuper leurs mains, et faire des ouvrages dont la perfection nous étonne : essayons de les imiter! Ne saurions-nous tresser de la paille sans y voir? Nous devons y parvenir, avec de l'attention et la facilité que donne l'habitude.

Nous avons fait une première tentative, et, quand nous en avons examiné le résultat, à la clarté de la lampe, nous n'avons pas été trop mécontents. Je suis sûr qu'en peu de jours nous parviendrons à faire des tresses assez régulières.

Je veux essayer de fabriquer un chapeau de paille comme je l'ai vu faire à quelques petits bergers. Si je peux réussir, j'en serai plus surpris, car ce travail est moins simple. Il faut engager les brins de paille les uns dans les autres, les attacher par des fils nombreux, ce qui exige des nœuds fréquents, et monter le tout sur une forme, comme celles dont se servent les fabricants de feutres. Mon premier essai sera sans doute quelque chose de merveilleux!

Le 25 décembre, jour de Noël.

Nous avons consacré à la prière et à la méditation cette sainte journée. Il faut être malheureux pour sentir tout le prix de ce que le Sauveur a fait en faveur des hommes. Avant lui, combien l'infortune devait être amère! Qu'elle devait conduire aisément au murmure et au désespoir!

Il est venu sur la terre, et la consolation avec lui. Il nous a donné non seulement les plus sages leçons, mais encore l'exemple le plus salutaire. Nous voici relégués comme dans un désert : et notre Sauveur ne fut-il pas aussi transporté sur la montagne pour être tenté par le diable? Nous avons du moins un abri, une couche : et lui, il n'avait pas un lieu où reposer sa tête. Nous sommes peut-être oubliés des hommes : Jésus en fut maudit et persécuté.

Ces réflexions ne sont pas de moi, mais de mon grand-père. Il m'en a présenté beaucoup d'autres, que je voudrais bien n'oublier jamais. Il m'a touché vivement en me rappelant, d'après les Évangiles, l'histoire de la naissance, de la vie et de la mort de Jésus. Il m'a cité un grand nombre de ses paraboles et plusieurs de ses discours, pleins d'une charité divine.

Notre chalet me paraissait comme un temple, pendant qu'il me faisait ces récits où se mêlaient des applications utiles et propres aux circonstances où nous sommes.

Cependant les cloches ont retenti dans nos vallées; les campagnards se

NOEL AU VILLAGE

sont pressés autour des autels; les chants religieux se répondaient de village en village, et ce bruit de fête n'est pas monté jusqu'à nous.

O mes voisins, vous ne savez pas combien vous êtes heureux de vous réunir pour la prière, après avoir été dispersés pour le travail! Autrefois, l'habitude et l'enfance me laissaient insensible à cet avantage; aujourd'hui, il me touche, au point de me faire verser des larmes d'impatience et de regret. *Comme le cerf soupire après les eaux, de même mon cœur soupire après vous, ô mon Dieu!* Mais j'espère, comme David : *Je passerai dans le lieu du tabernacle admirable, jusqu'à la maison de Dieu, au milieu des chants d'allégresse et de louange.*

Quand je descendrai de ma montagne, comme Moïse, il me semble que je porterai à mes frères les conseils de la sagesse. Je leur dirai : « Si vous aviez appris comme moi combien la société de tous est nécessaire à chacun, vous n'auriez les uns pour les autres que des sentiments d'amour et de charité. Reléguons quelque temps dans la solitude ceux qui ne veulent pas comprendre ces choses, et qui répandent parmi nous le trouble et la guerre : ils ne tarderont pas à sentir leur folie ; ils sauront par expérience qu'*il n'est pas bon que l'homme soit seul ; ils aimeront, comme ils s'aiment eux-mêmes, ce prochain*, sans lequel la vie ne serait plus un bienfait, mais un châtiment de la Providence. »

Le 26 décembre.

Ce matin, mon grand-père s'est trouvé incommodé pour avoir bu son lait pur, heureusement ; il a été plus promptement remis que je n'osais l'espérer. Sans doute sa grande patience contribue à lui rendre les maux plus légers. Il m'a dit avec sérénité :

— Je suis sans inquiétude, mon cher enfant. Il me paraît tout à fait probable que ma vie se prolongera pour le moins jusqu'au moment de notre délivrance. C'est tout ce que je désire. Si j'avais le bonheur, avant de mourir, de te voir dans les bras de ton père, ce départ me semblerait plus doux que je ne peux te le dire. Mais je suppose que Dieu veuille me retirer à lui pendant que nous sommes seuls dans ce chalet, j'ai assez bonne opinion de toi pour être assuré que cela ne te causerait ni frayeur ni désespoir. Que suis-je pour toi maintenant? Une charge, un embarras, que la piété filiale t'empêche seule de sentir. C'est toi qui fais tout ici. Depuis que je t'ai communiqué l'expérience dont , il me semble que ma tâche est remplie. Ose donc, comme moi, envisager sans trouble l'idée d'une séparation un peu plus prompte que nous ne l'eussions souhaitée : soyons prêts à tout événement. Mais, je le répète, nous pouvons avoir bonne espérance : les soins que tu prends de moi, un peu plus de prudence dans la mesure de mes aliments, soutiendront ma vie jusqu'au printemps, et je verrai encore un feuillage.

Je n'ai pu répondre que par mes larmes à ces touchantes paroles. Nous avons gardé un long silence, et il m'a fallu bien du temps pour me remettre à l'ouvrage au milieu des ténèbres.

Ce soir, grand-papa n'a pas voulu prendre de lait, et, voyant qu'une partie resterait sans emploi, il m'a donné l'idée d'en faire un fromage; il m'a dirigé dans ce petit travail.

— Il paraît, m'a-t-il dit en souriant, que je te suis encore bon à quelque chose.

A défaut de présure, nous avons fait cailler le lait avec un peu de vinaigre. J'ai passé ensuite le laitage dans un moule de terre cuite. Jusqu'à présent, les choses sont allées à souhait : nous verrons demain le résultat.

De mon côté, j'ai fourni à grand-papa une idée qu'il a jugée heureuse, c'est de se faire une rôtie au pain et au vin, comme j'avais vu faire quelquefois pour lui à mes tantes, lorsqu'il se sentait faible ou incommodé. L'exécution a suivi de près; mais que n'aurais-je pas donné pour avoir un peu de sucre à répandre sur les tranches de pain chaudes et fumantes! Heureusement le vin que nous avons retrouvé s'est beaucoup adouci en vieillissant; c'est un vin blanc récolté dans une bonne année, « un vin que l'on servirait, dit mon grand-père, sur la table d'un prince ».

— Je ne lui demande, a-t-il ajouté, que de prolonger ma vie jusqu'aux premiers bourgeons de la vigne.

Le 27 décembre.

Le fromage a parfaitement réussi. Je l'ai placé sur une tablette et saupoudré de sel. Il m'a été impossible de le regarder sans que l'eau m'en vînt à la bouche, et pourtant combien je serais heureux de n'avoir pas dû employer ainsi notre lait! Aujourd'hui, nous avons encore de quoi faire un second fromage. Mon grand-père a goûté seulement de mes pommes de terre cuites sous la cendre. Avec cela, un peu de pain et de vin a fait toute sa nourriture. Hélas! il souffre peut-être, et, quoi qu'il fasse, je vois trop que ses forces s'en vont.

Le 28 décembre.

Mon grand-père aime à présent à se lever plus tard et à se coucher plus tôt. Il estime qu'après avoir fait un peu d'exercice, la bonne chaleur qu'il trouve, dit-il, sous la laine et la paille lui convient mieux. Il est impossible de se ménager avec plus d'attention et d'une manière plus désintéressée. Tout ce qu'il fait, tout ce qu'il dit, m'instruit et me touche. Que de progrès j'ai faits avec lui en quelques semaines! Je ne me reconnais plus; j'ai quitté la plaine avec les sentiments et les idées d'un enfant : je me suis formé ici avec une rapidité qui m'étonne.

La journée qui vient de s'écouler n'a été marquée par aucun événement. J'ai travaillé, comme à l'ordinaire, et presque toujours au milieu de l'obscurité. J'acquiers tant de facilité à cet exercice, qu'il me semble que ma vue a passé au bout de mes doigts. Le toucher m'avertit des moindres erreurs, et ses avis excitent chez moi la réflexion d'une manière toute nouvelle. Je trouve quelque chose de si intéressant dans cette façon d'être, que je conseillerais d'en essayer à ceux mêmes qui n'en ont pas besoin. La vue est un serviteur trop empressé et trop complaisant, qui ne nous laisse pas le temps d'exiger de nous-mêmes tout ce que nous en pourrions obtenir. Le toucher est aussi un aide fidèle, mais il attend que la volonté commence, pour se mettre à sa disposition; il laisse à l'intelligence le soin de le diriger et de le reprendre. Ainsi chacun reste à sa place : l'esprit gouverne, le corps obéit.

Voilà nos réflexions sur ce qui se passe en moi. Je ne m'attendais pas, il y a quelque temps, à porter mon attention sur de pareils sujets : je me suis mieux étudié en trente jours de prison qu'en toute une vie de liberté.

Le 29 décembre.

Les jours où nul événement ne jette quelque variété sur notre paisible existence, je porte plus vivement ma pensée au dehors, et, dès qu'elle s'est échappée de notre demeure, c'est sur vous, mon excellent père, qu'elle aime à s'arrêter. Et pourtant je ne sais où vous prendre. Mon premier mouvement est de vous chercher dans notre maison et dans nos campagnes. Je vous vois seul et triste, les yeux tournés souvent vers les hauteurs où nous sommes, et vous ne devez pas avoir perdu l'espérance de nous revoir. Car enfin nous ne sommes pas demeurés sans ressources. Mais vous, qui nous dira ce qui vous a empêché de venir à notre secours? J'ai beau me flatter que ces obstacles n'ont rien de funeste, un triste pressentiment me dit que le jour de notre délivrance sera notre premier jour de deuil.

Pourquoi n'êtes-vous pas demeuré avec nous? Vous vous serez perdu en voulant sauver notre bétail! Au milieu de l'obscurité qui m'entoure si souvent, j'écoute avec une crainte superstitieuse : il me semble entendre les anges qui m'avertissent de mon malheur ; je crois deviner le secret de

JE VOUS VOIS SEUL ET TRISTE

Dieu, et j'ai de la peine à revenir de mon égarement. Quelques paroles de mon grand-père me ramènent enfin à la raison et à la patience ; je respecte le voile qui me cache le passé et l'avenir. Ai-je perdu mon père ? Perdrai-je mon aïeul ? Hélas ! je l'ignore, et sans doute je dois l'ignorer. Mon Dieu, je ne vous offenserai plus par mon inquiétude et ma défiance ! J'embrasserai la croix du Sauveur, et j'attendrai avec résignation ce que vous résoudrez !

Le 30 décembre.

La fin de l'année approche. Ce jour est un de ceux où mes condisciples jouissent d'une liberté trop vivement souhaitée : ils ne vont pas à l'école, et ils s'en font un sujet de bonheur. Telles furent aussi mes pensées, quand j'étais au village : elles ont bien changé, maintenant. Que ne donnerais-je pas pour passer quelques heures chaque jour dans cette salle, que j'appelais une prison ? J'entends la cloche matinale qui nous rassemble ; nous entrons pêle-mêle, nos livres sous le bras ; chacun se place ; le maître se lève, et nous nous levons avec lui : la prière sanctifie et prépare le travail.

Alors commence le murmure confus des voix qui répètent tout bas ce qu'elles seront appelées à redire tout haut. Les cahiers s'ouvrent de tous côtés, et le bruit des pages feuilletées se mêle à mille petites rumeurs que le maître interrompt en frappant sur son pupitre avec sa grosse règle de hêtre. On échange à la dérobée quelques sourires.

On va écrire la dictée : toutes les plumes se préparent ; elles courent ensemble sur le papier ; puis viennent les exercices de calcul, de lecture et de chant.

Ainsi, passant d'un travail à un autre, dans une société faite pour les intéresser et leur plaire, les élèves n'en consultent pas moins avec impatience l'horloge de bois. Le balancier paisible poursuit sa marche d'un pas toujours égal ; les poids moteurs descendent insensiblement, et l'écolier distrait observe, de moment en moment, les progrès de leur chute le long de la muraille. Enfin, trois heures se sont écoulées lentement : celle de la délivrance arrive.

A peine la classe est-elle licenciée, que les cris joyeux, les mouvements impétueux, remplacent le silence et la contrainte. On s'élance, on court, on se presse; les jeux se forment devant la maison d'école, et trop souvent les querelles naissent en même temps.

LES CRIS JOYEUX, LES MOUVEMENTS IMPÉTUEUX, REMPLACENT LE SILENCE ET LA CONTRAINTE

J'ai pris ma part de ces travaux et de ces plaisirs; il me semble que je les goûte encore, en les retraçant ici. Je rêve tout éveillé, je me souviens et j'oublie...

— Pauvre Louis! m'a dit mon grand-père, quel nouveau sujet as-tu de soupirer? faudra-t-il que je te défende le délassement que je t'ai conseillé moi-même? Sois le maître de tes pensées et de ta plume; occupe-les de sujets propres à te fortifier; considère que ta condition présente exige de toi de la fermeté, et que bientôt peut-être il t'en faudra davantage.

— Êtes-vous moins bien ce soir, mon cher grand-papa?

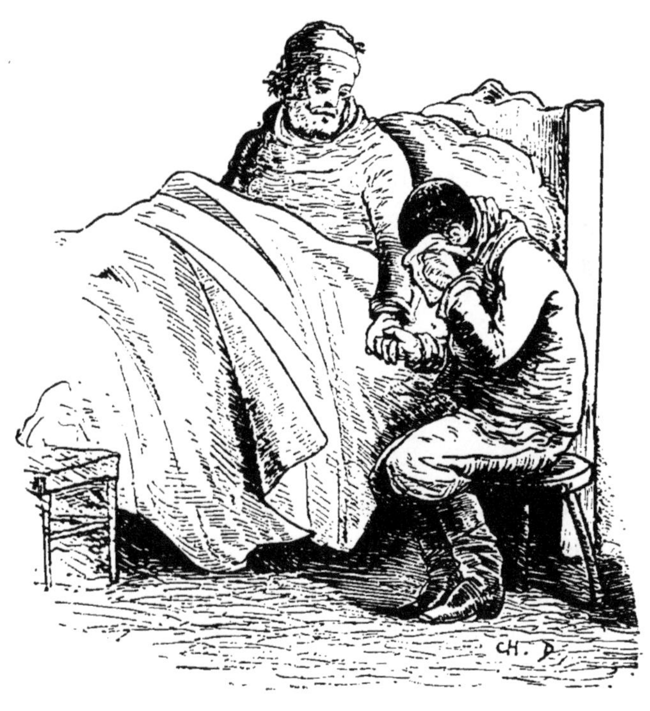

ICI J'AI INTERROMPU MON GRAND-PÈRE PAR MES SANGLOTS

— Non, mon enfant, et, si je viens de me coucher, c'est seulement par prudence; je veux faire si bien que, dans deux ou trois mois, nous descendrons gaillardement ensemble la montagne, Blanchette courant devant nous. Comme on sera joyeux de nous revoir!

— On n'attendra pas que nous nous mettions en route, je vous assure, et l'on viendra frapper à notre porte plus tôt que vous ne croyez.

— On viendra frapper à notre porte?

En répétant mes paroles, mon grand-père a pris un air grave, et il m'a serré la main.

— Et si le messager de délivrance venait m'appeler, non pas au village, mais au ciel, que ferais-tu, mon enfant? Voyons! il faut prévoir le cas et se préparer. Tu seras, je n'en doute point, un excellent garde-malade, et, tant que je vivrai, je compte sur ta fermeté ; mais après... il te resterait d'autres devoirs... envers ma cendre. Pourrais-tu les accomplir?

Ici j'ai interrompu mon grand-père par mes sanglots, je l'ai prié de ne pas poursuivre. Nous nous sommes embrassés, et, après avoir ajouté à mon journal le récit de cette pénible scène, je vais en demander l'oubli au sommeil.

Le 31 décembre.

Heureuse journée! mon grand-papa s'est trouvé plus d'appétit et de force ; il a pris un peu de café au lait , il a mangé plus que de coutume, et s'est restauré avec un doigt de vin. Ainsi ce qui est un poison, quand il est pris avec excès ou mal à propos, comme tant de personnes ont coutume de le faire, est ici un remède dont je bénirai les effets.

Le dernier jour de l'année s'est bien passé. Permettez, mon Dieu, que je vous en remercie, et que j'achève cette journée solennelle en adorant votre puissance et votre bonté !

Le 1er janvier.

L'année dernière, j'étais à pareil jour au milieu de ma famille. La veille, mon père était allé à la ville faire quelques petites emplettes, et j'en eus ma

LA VEILLE, MON PÈRE ÉTAIT ALLÉ A LA VILLE

part. Le matin, il me conduisit à l'église ; nous eûmes quelques parents à dîner ; les enfants dansèrent aux chansons, et la fête se prolongea fort tard.

Si l'on m'avait alors donné à deviner où je passerais le nouvel an aujourd'hui, je n'aurais certes pas imaginé ce que je souffre et ce que je vois. Il arrive aux hommes tant de choses inattendues, qu'ils devraient se tenir constamment sur leurs gardes, comme le soldat qui veille tout armé dans le voisinage des ennemis.

Mon grand-père, jugeant que cette journée serait plus triste pour moi, a fait tout ce qu'il a pu pour me distraire ; il a bien voulu m'enseigner quelques jeux qui exigent certaines combinaisons ; il m'a proposé des questions qui se résolvaient par un badinage ; sa conversation a été plus enjouée que de coutume, enfin nous avons fait à souper une sorte de fête. Il a voulu que j'ajoutasse aux pommes de terre cuites sous la cendre mon premier fromage, que j'ai trouvé exquis et délicat au point où il était ; je n'ai pu refuser ma part d'une rôtie. C'était un festin pour des ermites comme nous.

La chèvre n'a pas été oubliée ; je lui ai choisi le meilleur foin ; elle a eu de la litière fraîche, double ration de sel et triple mesure de caresses.

Veuille le Seigneur, que nous avons invoqué ce matin et ce soir, conserver le petit-fils à l'aïeul et l'aïeul au petit-fils !

Mon grand-père désire ajouter ici quelques mots de sa main.

« Au nom de Dieu, *amen !*

« Il peut arriver que je sois séparé des miens avant d'avoir pu leur faire connaître mes dernières volontés. Je n'ai aucune disposition générale à faire au sujet de mes biens ; mais je souhaite reconnaître le soin et le dévouement de mon cher petit-fils, Louis Lopraz, ici présent, et comme il m'est impossible de lui offrir le moindre cadeau en un jour tel que celui-ci, je prie mes héritiers d'y suppléer en lui donnant de ma part :

« Ma montre à répétition ;

« Ma carabine ;

« Ma Bible, qui était déjà celle de mon père ;

« Enfin mon cachet d'acier, où sont gravées mes initiales, qui se trouvent les mêmes que celles de mon filleul et petit-fils.

« Ces faibles marques de souvenir lui seront précieuses, j'en suis convaincu, à cause de l'affection qui nous unit et que la mort elle-même laissera subsister entre nous.

« Telle est ma volonté.

« Au chalet d'Antizandes, 1er janvier 18...

« Louis Lopraz. »

Mon cher grand-papa, permettez qu'à mon tour je vous exprime dans mon journal ma vive reconnaissance ; c'est, je le sens, un bonheur inestimable pour moi d'avoir vécu avec vous dans cette retraite écartée : je n'avais pas besoin de récompense, ou du moins le bon témoignage que vous daignez me rendre devait me suffire. Puissiez-vous jouir encore longtemps de la société de nos amis et de nos proches! C'est par ce vœu filial, où ils sont si intéressés, que je commencerai la nouvelle année.

Le 2 janvier.

Depuis longtemps, nous n'entendons plus aucun bruit du dehors, et notre réclusion est toujours plus profonde. Nous en concluons qu'il est tombé beaucoup de neige nouvelle, et que probablement le chalet est tout à fait enseveli sous cette masse. Cependant le tuyau de fer la dépasse encore ; la fumée sort toujours librement : aujourd'hui quelques flocons de neige tombent par ce canal étroit.

Ces blancs messagers de l'hiver sont la seule chose qui établisse une communication entre nous et le monde. Si notre horloge s'arrêtait, nous n'aurions plus aucune connaissance des heures. Il nous resterait seulement, pour distinguer le jour de la nuit, la clarté que nous apercevons encore le matin par le haut du tuyau de fer.

En revanche, nous souffrons peu du froid dans notre caveau silencieux. Nous aurions pu craindre davantage que le séjour n'en devînt malsain ; mais le petit courant d'air qui s'établit dans la cheminée suffit pour le purifier en le renouvelant.

Quand nous avons allumé la lampe, et que, livrés à nos occupations journalières, nous sommes assis devant un feu brillant, nous oublions quelquefois notre malheur et nous retrouvons un peu de gaieté. A ces moments-là, j'en suis sûr, notre position serait un sujet d'envie pour tel ou tel de mes camarades. N'avons-nous pas désiré souvent d'être Robinson dans son île déserte? Et pourtant la barrière de l'Océan, qui le séparait des autres hommes, était bien plus difficile à franchir. Il n'avait d'espérance que dans l'arrivée de quelque vaisseau égaré, et nous, nous sommes assurés que cette neige s'écoulera tôt ou tard. Dieu veuille seulement garder jusque-là notre vie!

Le 4 janvier.

Il m'a été impossible de prendre la plume hier au soir, ou plutôt je n'y ai pas songé. Hélas! j'avais bien autre chose à faire.

La journée s'était passée tranquillement. Grand-papa ne s'était pas trouvé beaucoup d'appétit; mais il ne se plaignait d'aucun mal. Le soir, après souper, comme il était assis au coin du feu, jouissant avec moi de ce moment, le plus agréable de la journée, il a tout à coup pâli, il s'est affaissé sur lui-même, et, sans mes prompts secours, il aurait glissé jusque dans le feu.

J'ai poussé un cri d'effroi; je l'ai pris dans mes bras, et, par un effort dont je me serais cru incapable, je l'ai transporté jusque vers notre lit, où je l'ai d'abord assis, puis couché tout de son long. La tête et les mains étaient froides; le sang avait reflué au cœur, et je me suis bien gardé de rien placer d'élevé sous la tête du malade; je me suis rappelé à l'instant une instruction qu'il m'avait donnée, quelques jours auparavant, pour des cas pareils. J'ai laissé la tête basse, et le sang n'a pas tardé d'y revenir. La connaissance est revenue en même temps.

— Où suis-je ! eh quoi ? sur mon lit ! a dit mon grand-père.

— Sans doute, ai-je répondu. Vous avez eu un instant de défaillance... j'ai cru devoir vous placer ici ! et vous voyez que j'ai bien fait, car, à peine avez-vous été couché, que vous avez repris connaissance.

— Il m'a porté jusqu'ici, Dieu soit loué ! à mesure que mes forces diminuent, les tiennes augmentent, mon cher enfant. En somme, tu le vois, nous ne perdons rien; nous trouvons au contraire, dans cette révolution naturelle, de nouveaux sujets, toi de bien faire, moi de t'aimer.

Alors il m'a passé les bras autour du cou ; je me suis agenouillé auprès du lit, et nous sommes restés ainsi longtemps. Enfin il a consenti à boire quelques gouttes de vin, et il s'est senti ranimé.

— Ne t'alarme point trop pour ce qui vient de se passer, m'a-t-il dit, au bout de quelques moments, avec tranquillité. Je l'attribue à la fantaisie qui m'a pris de goûter un peu de ton fromage de chèvre. Je devais prévoir, puisque le lait m'est contraire, que cela me conviendrait encore moins. La crise est passée, et je sens à présent que le sommeil approche. Cet assoupissement salutaire est aussi agréable que les avant-coureurs de l'évanouissement étaient pénibles.

En effet, mon grand-père n'a pas tardé à s'endormir ; j'ai veillé quelque temps auprès de lui ; puis, quand je l'ai vu si bien, j'ai béni Dieu, et me suis mis à mon tour sous sa garde.

Aujourd'hui j'ai été fort occupé des soins du ménage. Sur l'observation de grand-papa, que notre linge, nos bas, avaient besoin d'être lavés, je l'ai pressé de rester au lit, et j'ai fait la lessive, aussi bien du moins qu'on peut la faire sans savon. Il m'a dirigé dans mon travail. Un linge assez grand, qui nous sert de nappe, nous a permis de séparer la cendre des nippes à laver. Un baquet a fait l'office de cuvier. J'ai passé ensuite ces hardes à l'eau chaude : le soir tout s'est trouvé prêt à sécher autour du feu. Je vais laisser les choses dans cet état jusqu'à demain. Quelques braises qui restent, la chaleur du foyer et le courant d'air achèveront cette opération essentielle.

J'AI PASSÉ ENSUITE CES HARDES A L'EAU CHAUDE

J'oubliais de dire qu'ayant vu, ce soir, mon grand-père se frotter le corps et les membres, je l'ai prié de recevoir encore pour cela mes faibles secours. Pendant une heure, je l'ai frictionné avec un morceau de la couverture de laine, que nous avons consacré à cet usage. Il est persuadé que rien n'est plus propre à ranimer chez lui la circulation du sang, à lui tenir lieu de l'exercice qu'il ne peut prendre, et du grand air auquel il nous faut renoncer pour longtemps.

Hélas ! j'ai trouvé son pauvre corps dans un état de maigreur bien affligeant ! Pendant que je lui rendais ce léger service, il ne cessait de me remercier.

— Il me semble, disait-il, que tu me rends la vie. Je sens une chaleur douce renaître dans mes membres ; je respire plus librement.

Toutes ces paroles me donnaient une nouvelle ardeur. Et, comme il s'inquiétait de ma peine : — Ne voyez-vous pas, lui ai-je dit en souriant, que je prends moi-même un très bon exercice? Je vous assure qu'en vous faisant du bien, je m'en fais aussi, et je vous prie d'user souvent d'un remède si salutaire pour le médecin.

Le malade repose doucement auprès de moi, et, cependant, je me suis amplement dédommagé de mon silence de la veille, en écrivant ce soir l'histoire de deux jours.

Le 5 janvier.

Mon grand père m'a parlé ce matin de son état, sans me rien déguiser. Toutes ses paroles retentissent encore à mon oreille. Quelle douceur et quelle sagesse! Je serais impardonnable si je n'en profitais pas, tout jeune que je suis.

« Mon enfant, m'a-t-il dit, après m'avoir fait asseoir à son chevet, je ne peux plus me le dissimuler, le terme de ma vie n'est pas éloigné. Pourrons-nous enchaîner assez longtemps mon âme à cette poussière, pour que je voie le jour de ta délivrance? Je l'ignore, mais je n'ose guère l'espérer ; ma faiblesse augmente avec une rapidité qui m'étonne, et il est à présumer que je te laisserai achever seul nos tristes quartiers d'hiver.

« Tu seras, je n'en doute point, plus affligé de notre séparation que troublé de ton isolement, et tu ressentiras plus de douleur que de crainte ; mais je compte assez sur ton courage et ta piété pour être persuadé que tu ne tomberas point dans un coupable abattement ; tu te souviendras de ton père, que tu dois revoir sans doute, et cette pensée te soutiendra. Tu reconnaîtras bientôt qu'après ma mort les dangers que tu peux courir dans ce chalet ne seront point aggravés. Au contraire, je suis plutôt un obstacle pour toi : tu n'auras plus à craindre la disette, et peut-être, au moment de quitter la montagne, seras-tu moins embarrassé. Je t'engage seulement à prendre patience. Ne t'expose pas trop tôt. Quelques jours de plus ou de moins ne doivent pas être comptés dans une captivité si longue, et tu risques tout en devançant le moment favorable.

« Quelle raison aurais-tu de te presser si fort? Ta santé, jusqu'à ce jour, n'a point souffert de notre captivité. Tu n'auras plus, il est vrai, nos entretiens pour te distraire; mais combien de prisonniers sont condamnés au silence pendant de longues années! Encore ont-ils souvent la conscience troublée de remords ; et toi, tu seras soutenu par le consolant souvenir du devoir accompli. Une seule chose m'inquiète, mon cher Louis : s'il faut te le dire, je crains l'effet de ma mort sur ton imagination. Quand tu verras ce corps sans vie, il te causera un sentiment d'effroi, et peut-être d'horreur, bien peu raisonnable, mais que beaucoup de gens ne savent pas surmonter.

« Et pourquoi craindrais-tu la dépouille de ton vieil ami? As-tu peur de moi quand je sommeille? L'autre soir, quand j'étais évanoui, tu ne m'as pas jugé capable de te nuire : tu n'as vu que la nécessité de me secourir, et tu as fait ton devoir en homme courageux. Eh bien! si tu me vois tomber dans ce dernier évanouissement que l'on nomme la mort, conduis-toi avec la même sagesse. Mon corps n'attendra plus de toi qu'un dernier service : ose le lui rendre, quand la nature t'avertira que le moment en est venu. Tes forces y suffiront; tu l'as prouvé l'autre soir, quand tu m'as porté sur ce lit.

« Tu vois cette porte; elle conduit à la laiterie, où nous n'entrons jamais, parce qu'elle nous est inutile : c'est là que tu creuseras une fosse aussi profonde que tu pourras, pour y déposer mon corps, en attendant que vous veniez l'enlever, et lui donner, ce printemps, une sépulture régulière dans le cimetière du village.

« Après ces tristes moments, tu te sentiras bien isolé dans cette demeure; tu verseras beaucoup de larmes; tu m'appelleras peut-être, et je ne répondrai pas : ne t'égare point en regrets inutiles; adresse-toi seulement à Celui qui nous répond toujours, quand nous l'invoquons avec confiance. Tu n'auras jamais mieux compris ce que peut son secours. Tout te manquera, mais il te tiendra lieu de tout. »

Telles sont les exhortations que mon grand-père m'a adressées ce matin; et, comme s'il se trouvait soulagé de me les avoir faites, il s'est montré depuis plus tranquille, plus serein et presque joyeux. Pour moi, je ne peux me persuader qu'un esprit si libre et si ferme habite un corps près de se dissoudre. Le danger a été mis sous mes yeux, et il me semble encore éloigné. Dieu veuille confirmer mes heureux pressentiments!

Le 6 janvier.

Encore un jour accompli! C'est ce que nous répétons chaque soir. J'ai toujours plus de sujets d'impatience, et il me semble que le printemps ne viendra jamais. Serait-ce la crainte de l'isolement dont mon grand-père me présentait l'image, qui causerait mon inquiétude? Je cherche à repousser ces lâches sentiments; je ne veux plus penser à moi, afin que Dieu me trouve plus digne de sa faveur. Ah! si je lui demande de guérir mon aïeul, ce n'est pas dans mon intérêt, ni pour m'épargner l'horreur de la solitude!

Le 7 janvier.

L'obscurité est plus triste pour les malades; on dit même qu'elle peut nuire à la meilleure santé. La lumière est faite pour l'homme et l'homme pour la lumière. Nous nous sommes avisés ce matin d'un moyen de ménager l'huile sans demeurer tout à fait dans les ténèbres. Nous avons fabriqué un lumignon avec une tranche mince de bouchon de liège, à laquelle nous avons fixé une mèche très menue. Cette faible clarté suffit à mon travail; elle réjouit un peu mon grand-père. Nous en userons ainsi à l'avenir, et nous n'allumerons guère la lampe car je reconnais, dans ce moment, qu'il m'est à la rigueur possible d'écrire sans cela.

Sans doute, les personnes accoutumées à l'éclairage de la plus modeste cabane, pendant les soirées d'hiver, trouveraient notre demeure bien sombre; mais, après les ténèbres où nous avons vécu si longtemps, il nous semble assez doux de nous entrevoir l'un l'autre, d'aller et de venir sans marcher à tâtons, et de pouvoir enfin distinguer, par cette lueur paisible, notre jour et notre nuit.

Une couche d'huile nage dans un verre d'eau, rempli aux trois quarts, et sur cette huile flotte notre petit soleil. Nous l'avons placé sur la table, et, à sa clarté, il n'est pas impossible d'entrevoir les objets qui garnissent notre cuisine. Ce demi-jour, semblable aux premières blancheurs de l'aube, porte au recueillement et dissipe la tristesse; il rappelle ces églises où la lampe veille pour inviter à la prière.

Aucune des actions de mon grand-père ne m'échappe ; je le vois souvent joindre les mains, et lever les yeux ou les fixer sur moi. Ah! je devine alors sa pensée, et, sans nous consulter, nous formons ensemble le même vœu.

Le 10 janvier.

Mon Dieu, vous l'avez ordonné!....... Je suis seul avec vous, loin de tout le monde! C'est avant-hier... Il m'est impossible de continuer, et de faire le récit de cette mort. Mon papier est baigné de mes pleurs.

Le 12 janvier.

Oui, c'est bien aujourd'hui le 12 janvier; deux jours se sont écoulés depuis que j'ai écrit les lignes qui précèdent..... La raison revient; elle sera la plus forte, s'il plaît à Dieu. Si je ne sentais pas que le Seigneur habite en moi, auprès de moi, je mourrais aussi, et de ma seule frayeur.

Le 13 et le 14 janvier.

Je m'étais couché le 7 plein d'espérance; mon grand-père me paraissait mieux que de coutume; mais, avant que je fusse endormi, je l'entendis gémir et me levai en sursaut. Sans attendre qu'il me dît de venir à son aide, je m'habillai, j'allumai le lumignon, qui était tout prêt, et je demandai au malade ce qu'il éprouvait.

— Une défaillance, me dit-il; ce sera comme l'autre jour, ou peut-être!...

Ici il s'arrêta.

— Voulez-vous prendre une cuillerée de vin, mon cher grand-papa ?

— Non, mon enfant, humecte-moi seulement les tempes et frotte-moi les mains avec du vinaigre... et... prends l'*Imitation de Jésus-Christ.* Lis, mon enfant, cet endroit que tu sais... où j'ai placé un signet par précaution.

J'obéis, et, quand j'eus frotté ses mains et ses tempes avec le vinaigre, j'allumai la lampe, pour y mieux voir ; je me mis à genoux, et je lus en tremblant la page indiquée.

C'était au livre IV, le commencement du chapitre IX : « Seigneur, tout ce que le ciel et la terre renferment vous appartient. Je veux m'offrir à vous en oblation volontaire et demeurer éternellement avec vous ; » jusqu'à ces mots : « Je vous offre aussi tout le bien qui est en moi, quoiqu'il soit bien faible et bien imparfait, afin qu'il vous plaise de le réformer et de le sanctifier, de l'avoir pour agréable et de le perfectionner de plus en plus, et de me conduire à une bonne et heureuse fin, quoique je sois paresseux, inutile et le moindre des hommes. »

Quand je fus arrivé à cet endroit, il m'interrompit, me fit approcher, prit mes mains dans les siennes, et fit une prière dont je vais recueillir fidèlement tout ce que j'ai pu retenir.

« Seigneur, au moment où je vais comparaître devant vous, je ne devrais être occupé que de mon salut, et trembler dans l'attente de vos jugements : pardonnez-moi de ne pouvoir écarter de ma pensée un autre sujet d'inquiétude! Vous me rappelez à vous, et je vais laisser dans la solitude ce cher enfant ! Après l'avoir séparé de son père, je vais moi-même l'abandonner!

« Je tremble à l'idée de ce qu'il va souffrir ; je crains surtout que sa foi ne faiblisse, et qu'il ne manque de confiance en vous. Vous m'entendez, Seigneur, exaucez-moi ! Qu'en ce point mon exemple lui profite, et que, me voyant mourir en paix, il apprenne à vivre comme je vais mourir !

« Hélas ! j'avais souhaité de redescendre avec lui de la montagne et de revoir nos forêts et nos vergers : vous ne l'avez pas permis, mais vous permettrez que mon petit-fils les revoie. Inspirez-lui pour cela la fermeté et la prudence nécessaires! Qu'il soit après ma mort ce qu'il fut pendant ma vie, attentif, persévérant, courageux! Que son père, que nos amis, n'aient pas à me reprocher de l'avoir perdu en l'amenant ici!

« S'il doit leur être rendu, je bénis mon sort; car, je le sens, l'épreuve à laquelle vous l'avez exposé par mon entremise lui sera salutaire; il n'oubliera jamais les impressions qu'il a reçues dans cette demeure.

« Pardonnez-moi, Seigneur, de m'occuper si longtemps de lui; c'est votre gloire encore que je cherche au milieu de ces tribulations, et je suis plus inquiet du salut éternel de mon cher Louis que des dangers qui pourront menacer sa vie. »

Telles furent à peu près ses paroles. Il les prononça lentement, d'une voix faible, et à des intervalles assez longs; puis il me fit réciter les prières que je savais par cœur; il retrouvait lui-même, par moments, dans sa mémoire, des passages de la Bible et des paroles du Sauveur, et les répétait avec une ferveur et une résignation qui me faisaient fondre en larmes.

J'ajouterai une circonstance bien peu importante, mais qui augmenta encore mon attendrissement : Blanchette, surprise peut-être de voir briller la lumière à une heure inaccoutumée, se mit à bêler opiniâtrément.

— Pauvre Blanchette! dit le mourant; il faut que je la caresse encore une fois. Va la délier, mon enfant, et amène-la auprès du lit.

Je fis ce qu'il désirait, et Blanchette, suivant ses habitudes familières, posa sur le bord ses deux pieds de devant, cherchant s'il n'y avait rien à gruger. C'est que nous l'avions accoutumée à recevoir ainsi de notre main quelques grains de sel. Je crus faire une chose agréable au malade d'en mettre un peu dans sa main : Blanchette ne manqua pas d'y courir et de la lécher longtemps.

— Sois toujours bonne nourrice! dit-il, en lui passant avec effort la main sur le cou; puis il détourna la tête : je ramenai Blanchette à sa crèche et à son lien.

Depuis, le mourant ne prononça guère de paroles suivies; seulement il me fit entendre qu'il désirait que je restasse auprès de lui, ma main dans la sienne; je sentais par intervalles une légère étreinte, et, comme ses regards me parlaient en même temps, je compris qu'il recueillait ses dernières forces pour m'exprimer sa tendresse, et ne cesserait de penser à moi qu'en cessant de vivre.

PAUVRE BLANCHETTE! IL FAUT QUE JE LA CARESSE ENCORE UNE FOIS

Je lui adressai quelques mots affectueux; alors ses regards se ranimèrent, et je vis que je lui ferais plaisir de continuer. Je me penchai donc vers lui, et je lui dis avec toute la fermeté dont je fus capable :

— Adieu, adieu! au revoir, dans le ciel! Je vais m'efforcer d'être fidèle à vos leçons, pour obtenir une si belle récompense. Je crois en Dieu notre père;

je crois aux compassions et aux mérites du Sauveur; ne vous alarmez pas à mon sujet : vous m'avez si bien préparé, que Dieu seul m'est nécessaire aujourd'hui.

Ici mon pauvre grand-papa me pressa la main plus vivement; et, faisant un effort inutile pour me répondre, il ne put exprimer sa joie que par un soupir.

— Je me souviendrai, lui dis-je encore, de tous vos conseils pour ma conservation. Pour l'amour de vous, je ne négligerai rien de ce qui pourra prolonger ma vie et me tirer de ce chalet. Adieu, mon cher grand-père! Hélas! vous trouverez dans le ciel ma mère et peut-être mon père : dites-leur que je m'efforcerai de suivre toujours leur exemple et le vôtre. Adieu! adieu!

Je sentis encore une étreinte, bien faible : ce fut la dernière. Sa main, qui s'était refroidie peu à peu, laissa échapper la mienne; il s'éteignit sans effort, sans convulsion, sans faire entendre un soupir.

Mes plus affreux moments, depuis lors, n'ont pas été les premiers. C'est quand j'ai fait lentement un retour sur moi-même, et que je me suis vu seul dans cette triste demeure auprès...... d'un cadavre; c'est alors que j'ai senti un frémissement involontaire, surtout quand la nuit fut revenue.

Le matin, j'avais eu assez de présence d'esprit pour monter l'horloge et pour traire Blanchette; le froid me contraignit d'allumer du feu : cela m'occupa; mais ensuite je tombai dans un morne engourdissement. Malheureusement, il s'éleva le soir un vent assez violent pour me faire entendre ses gémissements lugubres, auxquels je n'étais plus accoutumé.

J'étais au coin du feu; je veillais à la triste clarté du lumignon, tournant le dos au lit; peu à peu, je sentis un frisson me gagner; je n'étais plus le maître de mes idées; mon trouble serait allé en augmentant, et il aurait pu me devenir funeste, si je ne m'étais pas avisé, pour le faire cesser, d'un moyen que l'on aurait jugé propre à l'augmenter. Je m'approchai du corps, d'abord avec contrainte, puis avec plus de résolution: je le regardai; j'osai le toucher. Ce fut un moment pénible; cependant je persistai, je répétai mon action plusieurs fois, et je m'aperçus que mon saisissement diminuait par degrés.

Dès lors, je ne cessai pas, à de courts intervalles, de revenir auprès de cette cendre; j'en pris les soins que les personnes accoutumées à ces offices prennent avec tant de sang-froid. L'expression de la figure était si calme et si douce qu'elle m'arrachait des larmes.

— Non, disais-je en sanglotant, la dépouille de mon cher grand-père ne me fait point de peur.

Cependant mes angoisses recommencèrent, quand je sentis l'approche du sommeil: à mon âge, on n'y résiste pas. Irais-je me coucher à côté du cadavre? Ma résolution ne me porta pas jusque-là, et je cherchai, il faut l'avouer, un bien misérable secours contre la frayeur superstitieuse que je sentais renaître : c'est auprès de Blanchette que j'allai me réfugier. La chaleur et le mouvement de la vie, que je trouvai auprès de ce pauvre animal; le petit bruit qu'elle faisait en ruminant, me rendirent quelque assurance.

Mais pourquoi, le lumignon une fois éteint, ai-je commencé à trembler de tous mes membres? Pauvre enfant que je suis! Quelle sûreté est-ce que je trouvais dans cette faible lumière? Mon souffle l'éteint, ma main la rallume, sa vie dépend de ma volonté, et j'attachais ma tranquillité à cette flamme!

Enfin le Tout-Puissant, que j'invoquai avec ferveur, eut pitié de moi; il me rendit plus calme, et je m'endormis profondément.

Le lendemain, dès mon réveil, recommencèrent mes angoisses de la veille, je m'occupai le plus possible de la chèvre et de mon ménage, et surtout je m'approchai fréquemment du corps; je tins même assez longtemps dans mes mains cette tête vénérable et chère. Plus mon effroi se passait, plus je sentais ma tristesse augmenter, et je me sus bon gré d'un changement si raisonnable et si naturel.

Mes pensées se portèrent alors vers les soins de la sépulture, et je me rappelai ce que mon grand-père m'avait dit. Il se présentait à moi des difficultés qui me donnaient une inconcevable appréhension. Au reste, je repoussai pour le moment toutes ces idées. Mon grand-père m'avait parlé et, je le crois, avec une intention secrète, du danger des inhumations précipitées; je résolus donc d'attendre que la nature me forçât d'accomplir ce dernier devoir. La vive affection que j'avais pour mon aïeul m'empêcha de céder au lâche désir d'éloigner de moi le plus tôt possible un spectacle pénible.

C'EST AUPRÈS DE BLANCHETTE QUE J'ALLAI ME RÉFUGIER

Le moment de retourner au sommeil m'apporta presque autant d'anxiété que la veille. Je m'avisai, pour me rendre un peu de fermeté, de boire quelques gouttes de ce vin trop ménagé par le défunt.

Quand j'eus versé dans son verre la quantité qui me parut suffisante, je fus pris, avant de le porter à mes lèvres, d'un serrement de cœur : — Secours inutile! me disais-je; et je me rappelais avec quel plaisir j'avais vu mon cher grand-père l'essayer pour la première fois. Le manque d'habitude, et l'extrême besoin que j'avais de me fortifier après tant d'épreuves, firent agir le vin efficacement, et j'eus encore une bonne nuit.

Le 10 janvier, j'ai essayé d'écrire mon journal : il m'a été impossible de poursuivre; cependant, ce jour-là, dès le matin, j'étais dans une situation d'esprit bien plus satisfaisante. La prière me rendait du courage; mon imagination se calmait peu à peu, et, comme mon grand-père me l'avait prédit, la frayeur faisait place aux regrets.

Que j'ai versé de larmes sur votre corps, mon vénérable aïeul! Je voyais pourtant la mort y laisser des traces livides. Mes sens se seraient révoltés, si mon cœur avait été moins occupé. Vainement j'étais averti qu'il devenait pressant de vaquer à la sépulture : je ne pensais qu'aux moyens de conserver plus longtemps ces restes chéris. Enfin, je me rappelai la volonté divine, si vivement exprimée dans l'Écriture, et toujours d'accord avec la raison et la nature : *Le corps retourne à la terre, d'où il a été tiré.*

Je pris mes outils, et j'ouvris la porte de la laiterie.

— Ainsi, me disais-je, tu passes par tous les emplois! Après avoir été garde-malade et médecin, te voilà fossoyeur! Tu vas faire toi-même les choses que les parents évitent de voir!

Les premiers coups me rebutèrent; je fus obligé de m'interrompre. Ce n'étaient pas les bras qui refusaient d'agir; c'était mon esprit qui se troublait, et qui m'ôtait l'énergie nécessaire. Chaque fois que je frappais le terrain, un écho retentissant répondait à la voûte, construite en pierre. Il fallut m'accoutumer à ce bruit, et je consacrai la journée tout entière à un travail qui n'aurait pas dû me prendre plus de deux heures.

En effet, le sol se trouva sablonneux et léger, et, à la fin, je pouvais l'enlever avec la pelle, sans qu'il fût nécessaire de le bêcher auparavant. Je profitai de cette facilité pour creuser une fosse profonde; car, me disais-je, si le chalet doit être abandonné quelque temps, soit que je sorte, soit que je meure à mon tour, je dois faire mon possible pour que le corps soit à l'abri des animaux carnassiers. D'ailleurs, le soin de la salubrité exigeait que la sépulture fût assez profonde, pour qu'il ne s'exhalât aucune odeur du lieu où elle était faite. Je poursuivis donc mon lugubre travail, jusqu'à ce que je fusse caché dans la fosse de toute ma hauteur.

APRÈS AVOIR ÉTÉ GARDE-MALADE ET MÉDECIN, TE VOILA FOSSOYEUR

L'horloge sonnait dix heures. La nuit était venue, et ses noires pensées avec elle. Car, sans rien voir au dehors, l'idée que les ténèbres y régnaient me faisait éprouver, jusque dans le chalet, les tristes impressions de la nuit. Je n'eus pas le courage d'achever l'ensevelissement, quoique la chose fût devenue pressante. Je m'avisai, pour déguiser l'odeur qui se répandait, de brûler du foin, et de faire des fumigations de vinaigre. Mais la chèvre en fut incommodée. Ses éternuements m'avertirent qu'en prenant des précautions pour moi, je la faisais souffrir, et je m'arrêtai.

L'exercice violent que j'avais fait m'aida bientôt à retrouver le sommeil. Il ne fut suspendu quelques moments que par les caresses de Blanchette, qui semble s'arranger très bien de m'avoir si près d'elle, et qui ne refuse point de me servir d'oreiller.

Le 14 janvier, ma première pensée, à mon réveil, fut de terminer ma pénible tâche, et, quand j'eus allumé ma lampe, je sentis encore mon courage diminuer. Il fallut avoir de nouveau recours à des moyens dont j'aurais dû savoir me passer : au lieu de déjeuner, comme toujours, de lait chaud et de pommes de terre, je pris un peu de pain et de vin. Cette nourriture me rendit quelque fermeté, dont je ne pouvais faire honneur à mon caractère, mais dont je profitai sans retard. J'avais réfléchi d'avance aux moyens d'exécution, et j'avais tout préparé la veille. Je plaçai sur deux escabeaux, a côté du lit, une planche assez large et assez longue, celle-là même dont la chute m'avait fait retrouver l'*Imitation de Jésus-Christ*. Ensuite je montai sur le lit, et, passant une corde sous la partie supérieure du corps, je réussis par mes efforts à faire glisser cette extrémité sur la planche. Je n'eus aucune peine à placer ensuite de la même manière la partie inférieure. Je liai le corps sur la planche, et, quand je le vis ainsi, les mains croisées sur la poitrine, se laissant traiter à ma volonté, et penchant tristement la tête de côté, je me mis à fondre en larmes et à pousser des cris.

— Mon grand-père!... Vous m'abandonnez! Vous ne m'entendez plus! Vous ne voulez plus me répondre!

Sais-je toutes les paroles insensées que j'adressai à cette matière morte, dans les transports de mon égarement? Il aurait duré plus longtemps peut-être, si j'avais eu un consolateur auprès de moi; ce qu'on m'aurait dit eût irrité et entretenu ma douleur; mais, quand je vis cette froide cendre aussi insensible à mes plaintes qu'à mes actions, son immobilité me rendit bientôt le calme dont j'avais besoin.

J'avais préparé deux rouleaux de bois : je les plaçai convenablement, et, retirant avec précaution l'escabeau qui soutenait le bas du corps, je fis toucher à terre doucement l'extrémité de la planche. Malgré tous mes efforts, l'opération ne me réussit pas aussi bien de l'autre côté, et la chute du corps fut assez brusque pour me donner un battement de cœur, qui me força encore de m'arrêter.

Mon cher grand-père, quand vous m'appreniez, devant notre maison, à voiturer sur des rouleaux un corps pesant, nous ne pensions pas que je ferais usage de vos leçons dans une occasion si triste. Le souvenir de ce que vous m'aviez dit alors se présenta vivement à mon imagination; je croyais encore vous entendre; et, quand le mouvement que je donnai à ce funèbre fardeau agita la tête, comme si elle eût fait des signes d'approbation, je fus si saisi, que je détournai les yeux, ainsi que font, de peur du vertige, les personnes qui marchent au bord d'un précipice.

J'avais aplani le chemin : le corps fut bientôt près de la fosse. Il m'aurait été facile de l'y laisser choir : je ne pus me résoudre à le traiter avec si peu de ménagements. Deux petites planches, placées en travers, le soutinrent au-dessus de la fosse. Celle qui portait les pieds une fois enlevée, il se trouva placé dans une position oblique, après avoir fait encore une chute que je ne sus pas modérer ; une corde que je passai sous les épaules, après avoir fixé solidement un des bouts à un pieu, me permit ensuite de laisser couler doucement le corps jusqu'au lieu de son repos.

Toutes les difficultés étaient surmontées ; ce qui me restait à faire ne me donnait, quant à l'exécution, aucune inquiétude : je pus m'abandonner librement à ma douleur. Assis sur la terre amoncelée, je pleurai longtemps auprès de cette fosse ouverte. Je ne pouvais me résoudre à jeter les premières pelletées de terre.

— Avant d'accomplir ce triste devoir, me suis-je dit, remplissons de mon mieux celui du prêtre.

Je me suis agenouillé aussitôt, et j'ai cherché dans ma mémoire tout ce que je savais de prières et de passages propres à cette cérémonie. J'ai pris l'*Imitation de Jésus-Christ*, je la connaissais assez bien pour qu'il ne me fût pas difficile d'y trouver des endroits tels que le moment me les faisait désirer, et que mon grand-père les eût lui-même indiqués.

O mon bienheureux aïeul, c'était moi seul maintenant qui avais besoin de consolation, et c'est avec une joie qui approchait du ravissement que je lus, en présence de vos restes mortels, le chapitre de l'*homme juste et pacifique* et celui *de la pureté du cœur et de la simplicité d'intention.* Tant de traits pouvaient s'appliquer à vous, que l'auteur me paraissait avoir pris à tâche de vous peindre.

« Commencez, dit-il, par bien établir la paix en vous-même, et vous pourrez ensuite la procurer aux autres. »

— C'est ce que vous avez fait, homme juste et bon, et votre paix est devenue la mienne.

« L'homme pacifique rend au prochain plus de services que l'homme savant, » dit l'*Imitation*.

— Je ne peux imaginer, ô mon ami, ce qui manquait à votre savoir, quoique vous ayez cent fois parlé de votre ignorance ; mais vous étiez si bienveillant et si doux, que vous me donniez un désir ardent de vous témoigner mon amour par ma docilité, et de faire paraître ma docilité par mes progrès.

« Si vous étiez bon et pur au dedans de vous, ainsi s'exprime le livre, vous verriez sans nuages et vous comprendriez toutes choses. Un cœur pur pénètre le ciel et l'enfer. Chacun juge des choses du dehors selon les dispositions de son intérieur. »

— Vous étiez bon et pur, mon grand-père, aussi lisiez-vous dans mon cœur plus facilement et plus nettement que moi-même. Vous avez dû me trouver souvent répréhensible, et pourtant votre indulgence surpassait encore votre pénétration ; vous aviez beau me connaître, vous ne cessiez pas de m'aimer.

Voilà une partie des choses que je lui disais avec tendresse. Il me semblait qu'en parlant à haute voix je sortais de ma solitude. Le livre me répondait et entretenait mon émotion. Enfin l'épuisement m'arrêta ; je rentrai en moi-même, je ne différai plus ce qui me restait à faire. En un moment la fosse fut comblée. Je passai le reste du jour à graver l'inscription suivante sur une petite planche d'érable.

ICI REPOSE LE CORPS

DE PIERRE-LOUIS LOPRAZ,

MORT DANS LA NUIT DU 7 AU 8 JANVIER 18..,

DANS LES BRAS DE SON PETIT-FILS LOUIS LOPRAZ,

QUI L'A ENSEVELI LUI-MÊME

Je clouai la planche à un pieu, que je plantai sur la tombe ; après quoi je fermai la porte, et je rentrai dans cette cuisine où je n'avais plus d'autre compagnie que Blanchette.

Cependant, bien que je me sentisse plus à mon aise depuis que le cadavre ne gisait plus sur le lit, je vis bien que je n'avais pas surmonté toute ma faiblesse. Je résolus de la combattre. Je m'étais empressé de fermer à clef la porte de la laiterie : j'allai l'ouvrir aussitôt, et ne la fermai qu'au loquet. Je pris aussi avec moi-même l'engagement de faire à la tombe des visites fréquentes, et toujours sans lumière. J'ai commencé depuis deux jours ; c'est là que je vais prier soir et matin.

La journée d'avant-hier m'a semblé vide et fatigante. Les soins pressants qui m'avaient occupé jusque-là ne me demandaient plus les mêmes efforts, et c'est contre moi-même que j'ai dû combattre. Je cherchais dans le travail une distraction que je ne pouvais trouver; je me suivais par la pensée dans tout ce que je voulais faire, et je ne pouvais sortir de moi. Le soir, j'ai essayé d'écrire, et, cette fois encore, la chose m'a été impossible.

LE CIMETIÈRE

Hier, qui était le 13, l'idée m'est venue de relire ce journal, depuis la première page. On croira sans peine que cette lecture m'a vivement ému; mais je dois dire qu'elle m'a fait aussi du bien, en me rappelant, avec une force nouvelle, les leçons et les vertus de mon grand-père. Aussitôt que j'eus achevé, je sentis le besoin d'épancher ma douleur dans ce mémorial, entrepris par ses conseils. Enfin j'ai consacré la journée d'hier et celle d'aujourd'hui à rapporter le douloureux événement qui a changé si tristement mon sort.

Le 15 janvier.

Oui, mon sort est bien changé; je m'en aperçois chaque jour davantage. Quoi donc! Je possédais un ami, et j'osais me plaindre! je comparais ma position à celle que j'avais perdue! Combien je regrette maintenant l'état que j'ai déploré! Dieu me punit d'avoir été mécontent. Je suis seul! je suis seul! cette pensée m'a poursuivi tout le jour.

Le 16 janvier.

J'ai passé la journée dans le même état. Dès le matin je me suis senti languissant et découragé, et je me serais couché aussi désolé qu'hier au soir, sans une circonstance où je ne dois pas voir un miracle, puisqu'elle n'a rien que de naturel, mais qui m'a frappé comme un avertissement de la Providence.

J'avais achevé ma veille silencieuse, je venais d'éteindre le feu, et j'allais éteindre le lumignon, lorsque j'ai entendu un léger bruit dans la cheminée. C'était un débris qui tombait, enveloppé de suie. La suie s'est allumée; elle a répandu quelque odeur, et je me suis avancé sous le canal, pour en observer l'état et veiller à ma sûreté. Tandis que, la tête penchée en arrière, je cherchais inutilement, contre les parois, des traces de feu, une étoile brillante s'est montrée au haut du tuyau de fer, et je l'ai vue le traverser lentement.

Cette apparition n'a duré qu'un moment, cependant elle a suffi pour me causer une vive émotion.

Un des soleils que le Créateur a semés dans l'espace fait donc briller jusqu'à moi ses rayons, et me visite au fond de mon sépulcre! Il me parle de la puissance de mon Dieu! Il m'invite à l'adoration et à l'espérance! Je n'ai pas manqué à cet appel : je suis tombé à genoux, et, pour la première fois depuis bien des jours, j'ai retrouvé dans mon âme cette ardeur que les leçons de mon grand-père avaient allumée.

Le 17 janvier.

Qu'il est difficile de conserver et d'entretenir les salutaires impressions qu'un bon mouvement produit en nous! Je m'étais couché plein de joie, et je me suis levé aussi languissant que jamais. Je me rappelais à peu près l'heure à laquelle j'avais vu l'étoile, et j'espérais la revoir aujourd'hui; mais, soit qu'elle eût changé de position, ce que je ne sais pas trop, soit que le temps fût couvert, je ne l'ai pas aperçue.

Le 18 janvier.

Tandis que mon âme cherche inutilement la nourriture qu'elle a perdue, je suis, pour le corps, dans une abondance de biens qui ne peut me réjouir, mais qui doit me rassurer. La portion de lait de Blanchette que je ne bois pas me sert à faire chaque jour un petit fromage : je prends ce soin bien moins par précaution que pour me distraire ; je ne m'accoutume pas à la solitude ; j'ai beau faire tous mes efforts pour rappeler et retenir le sommeil, les journées me semblent n'avoir point de fin.

Le 19 janvier.

J'écris pour écrire. De quoi remplirai-je ce journal ? S'il doit rester fidèle, il sera de la plus affreuse tristesse. J'essaie de prendre la plume, comme auparavant, et de donner un peu de mouvement à mon esprit : peine inutile ! je ne peux sortir de mon engourdissement.

Le 20 janvier.

Le malaise que j'éprouve est le plus grand que je connaisse. Mon premier trouble quand nous fûmes prisonniers, ma frayeur lorsque les loups parurent nous assaillir, les scènes lugubres de la mort et de la sépulture de mon grand-père, ne m'ont pas fait souffrir autant que l'accablement où me voilà. C'est l'ennui que je sens ! Je ne connaissais pas ce supplice, auquel la prière même ne peut m'arracher.

Le 21 janvier.

Tant que la chèvre aura une main pour la nourrir, elle ne s'inquiétera pas des vides qui se font autour d'elle; je lui suffis comme aurait fait mon grand-père, comme ferait un étranger. Elle a besoin de moi sans le savoir; elle profite de mes soins sans les reconnaître : je suis tenté quelquefois de le lui reprocher. Quelle folie! on ne peut pas être ingrat, quand on est sans intelligence.

Mais moi, qui suis éclairé de cette divine lumière, sais-je en faire l'usage pour lequel Dieu me l'a donnée? Suis-je plus reconnaissant que cette brute ignorante? Ah! malheureux! saurai-je me préserver seulement du murmure et du désespoir?

Le 22 janvier.

Marquons cette date dans mon cahier. Elle ne me laissera pas d'autre souvenir. Que suis-je devenu?

Le 23 janvier.

J'ai manqué de périr... d'une mort soudaine, affreuse, et j'aurais été surpris au milieu de mon coupable abattement. Dois-je encore appeler ceci un miracle? — Eh! que m'importe de savoir comment Dieu agit, pourvu que je ressente l'heureux effet des événements dont il est le maître?

J'avais remarqué, depuis quelques jours, que le temps était beaucoup plus doux, et que la fumée montait moins facilement : aujourd'hui, vers deux heures après midi, j'ai entendu un bruit sourd, comme le roulement du tonnerre ; il s'est approché rapidement ; il est devenu terrible, et tout à coup j'ai ressenti une violente secousse.

J'ai poussé un cri. Quelques ustensiles étaient tombés ; une épaisse poussière remplissait la cuisine : le craquement des poutres m'avait d'ailleurs averti que le chalet avait reçu un choc violent ; cependant je voyais tout en bon état autour de moi.

Je suis allé faire une ronde dans les autres parties de la maison. A peine entré dans l'étable, j'ai vu des traces effrayantes de l'accident ; beaucoup de plâtras couvraient la terre ; la muraille avait cédé ; elle était visiblement sortie de l'aplomb, mais elle restait debout ; une partie de la toiture avait été brisée du côté de la montagne. C'était tout, et j'ai dû en conclure que la masse qui avait causé le dommage s'était arrêtée contre le chalet. Était-ce une roche détachée de l'escarpement qui le domine ? N'était-ce pas plutôt une avalanche qui s'était formée un peu au-dessus, à la suite de l'adoucissement de la température, et qui, n'ayant pas encore assez de force et de volume, n'avait pu franchir l'obstacle opposé à sa chute ?

Mon émotion a été grande : elle dure encore ; je remercie avec ferveur le Tout-Puissant de l'avis qu'il a daigné me donner ; puisse mon cœur se réveiller pour ne plus s'endormir ! Oui, je le reconnais, cette nouvelle épreuve m'était nécessaire. Je tombais dans un lâche abattement ; j'en suis heureusement délivré, et je vais en bénir mon Dieu sur la tombe de mon aïeul.

Le 24 janvier.

Le Seigneur m'envoie de nouveaux sujets d'inquiétude : la chèvre me donne moins de lait. J'avais cru le remarquer depuis quelques jours; à présent je ne peux plus en douter.

JE VAIS EN BÉNIR MON DIEU SUR LA TOMBE DE MON AIEUL

Le 25 janvier.

Mon grand-père a certainement prévu le cas où je resterais seul ici, et m'a donné plusieurs avis pour m'aider à sortir d'embarras. Il me disait un jour : — Que ferions-nous si Blanchette cessait de nous donner du lait? Il faudrait absolument nous résoudre à la tuer, et à nous en nourrir.

Puis il me donna des explications sur la manière dont nous devions nous y prendre pour conserver la chair.

En serai-je réduit à cette cruelle extrémité ?

Le 26 janvier.

Si les choses n'empiraient pas, je pourrais être sans inquiétude. Blanchette me donne encore assez de lait pour ma nourriture. Je ne peux plus faire de fromage, il est vrai, mais j'en ai quelques-uns de provision. J'ai examiné ce qui me restait d'autres denrées, et j'ai passé le jour à calculer pour combien de temps elles suffiraient, si je n'avais pas autre chose. Cela ne va pas à quinze jours.

Le 27 janvier.

Le lait diminue et la chèvre engraisse à mesure.

Ainsi, dans le cas où son lait me manquerait, la pauvre bête se prépare à me nourrir de sa chair !

Le 30 janvier.

Une seule idée m'occupe maintenant : serai-je réduit à la nécessité de me faire boucher ? Faudra-t-il, pour soutenir ma triste vie, égorger celle qui m'a nourri jusqu'à présent? Je n'ai plus qu'une demi-ration de lait.

Le 1er février.

Hier le lait n'a pas diminué, mais cela m'a coûté trop cher : j'avais donné à la chèvre triple mesure de sel ; elle avait bu davantage : je m'en suis aperçu à la traire. Malheureusement il me serait impossible de continuer ainsi ; car si je dois tuer ma pauvre Blanchette, le sel me sera nécessaire. Tuer Blanchette!

Aujourd'hui j'ai été plus économe de sel, aussi la quantité de lait s'est trouvée bien moins considérable.

Le 2 février.

J'avais ouï dire que les poules trop grasses et trop bien nourries faisaient moins d'œufs, et j'ai imaginé ce matin de réduire la quantité de foin que je donne à Blanchette, jugeant que peut-être j'obtiendrais un effet semblable. J'ai bien mal réussi. Moins bien nourrie, elle m'a donné encore moins de lait que la veille. J'ai eu de plus le chagrin de l'entendre bêler tristement la moitié du jour.

Le 3 février.

J'ai fait une nouvelle expérience, aussi inutile que celle d'hier : j'ai voulu forcer Blanchette à manger de la paille en place de foin, imaginant que peut-être ce changement de régime amènerait un changement dans les effets de la nourriture. La chèvre ne s'est décidée que très difficilement à ce que je voulais, et, soit dépit, soit souffrance, elle m'a donné à peine quelques gouttes de lait.

Le 4 février.

Je ne la tourmenterai plus ; si je dois la tuer, je lui rendrai l'existence agréable jusqu'au dernier moment. Aujourd'hui, elle a été abondamment repue : aussi a-t-elle été meilleure nourrice. Mais je n'espère pas que cela continue ; je laisserai agir la nature. Après avoir fait tout mon possible pour éviter ce malheur, je tâcherai de m'y soumettre.

Le 7 février.

J'ai ajouté inutilement les prières au travail. Dieu ne m'exauce pas ; il sait mieux que moi ce qui m'est avantageux, et je me résigne à son adorable volonté. Me siérait-il de murmurer, quand je vois la joie tranquille de cette pauvre bête, dont je vais faire ma victime? L'intelligence serait-elle pour moi un secours moins efficace que l'imprévoyance pour la brute!

Ce n'est plus la peine de traire Blanchette deux fois par jour; j'ai attendu jusqu'au soir, afin d'obtenir un peu plus de lait à la fois; mais elle se laisse approcher difficilement. Je la fais souffrir en pressant trop la ma-

ALORS J'AI JETÉ MON BAQUET

melle; l'instinct l'avertit que je la traite mal; elle regimbe, et me refuse le peu qui lui reste à me donner. Hélas! si je la fatigue de mes efforts, c'est que je voudrais lui épargner le coup auquel elle ne s'attend pas.

Le 8 février.

J'avouerai ma faiblesse ; j'ai versé des larmes aujourd'hui, en essayant inutilement, une dernière fois, de traire Blanchette et de lui demander le tribut qu'elle m'a payé si longtemps. Quand elle a vu que je m'arrêtais, elle m'a regardé avec défiance, comme se tenant sur ses gardes contre une nouvelle tentative. Alors j'ai jeté mon baquet ; je me suis assis auprès de la pauvre bête ; je l'ai embrassée et j'ai pleuré amèrement.

Elle n'en continuait pas moins son repas, qu'elle mêlait de bêlements entrecoupés et de regards caressants. On dit bien qu'une chèvre ne distingue personne, et qu'elle n'a pas l'amitié jalouse et dévouée d'un chien; mais enfin Blanchette est aimable pour son compagnon ; elle se fie à lui ; elle attend de moi la nourriture et les soins auxquels je l'ai accoutumée : et il faudra que je lui plante le couteau dans la gorge ! Je la ferai souffrir sans doute, étant sans expérience ; je la verrai se débattre sous mes coups !

Dieu a donné à l'homme les bêtes pour sa nourriture, je le sais ; mais ce n'est pas l'offenser de nous attacher à celles qui furent nos bienfaitrices, et qu'il a douées d'une attrayante douceur ; je reculerai donc le plus possible le moment de ce cruel sacrifice. Il me reste encore des aliments pour quelques jours, et je les ménagerai de mon mieux.

Le 12 février.

Il m'est impossible de tenir exactement mon journal, au milieu des angoisses où je vis. Les vivres s'épuisent ; je ne peux me réduire à des rations plus chétives sans exposer ma santé ; Blanchette, toujours plus grasse, semble s'offrir à moi comme une meilleure pâture : il s'en faut bien que cela me réjouisse ; je ne l'ai jamais tant caressée, et je me rends toujours plus pénible la nécessité à laquelle je serai bientôt réduit.

Le 13 février.

J'ai fait de nouvelles recherches dans toute la maison, j'ai fouillé la terre dans plusieurs endroits, pour découvrir, s'il était possible, quelques provisions cachées : je n'ai réussi, par ce violent exercice, qu'à exciter chez moi la faim. L'idée que je ne pourrai bientôt plus la satisfaire la rend, je crois, de jour en jour plus exigeante.

Je me suis dit : Après quelque temps de repos, peut-être le lait de Blanchette sera-t-il revenu. L'apparence n'était guère favorable à cette supposition : la mamelle, si gonflée et si pleine il y a quelque temps, s'est peu à peu réduite ; cependant j'ai fait une tentative pour en tirer quelques gouttes de lait : peine inutile !

Le 17 février.

Le froid est devenu tellement vif depuis hier au soir, que j'ai besoin d'un feu continuel. Certes, avec cette température, je ne craindrais pas de serrer, sans autre précaution, la chair de ma pauvre victime à l'écurie, où il gèle très fort; mais le temps peut se radoucir. Il faut donc que je me décide sans retard; il ne me reste plus que la provision de sel nécessaire à mon office de boucher!

Le 18 février.

Le froid est violent; il m'a rappelé le souvenir des loups. Rien ne les empêche maintenant de parcourir la montagne. Mon Dieu, dans la triste position où je suis, c'est la seule fin que je redoute. Si vous permettiez aujourd'hui qu'une avalanche vînt m'engloutir, je recevrais la mort comme une délivrance.

Le 20 février.

J'ai pris une grande résolution! Je quitterai demain le chalet. Avant de risquer ma vie, je veux écrire dans mon journal, que je laisserai sur cette table, comment je me suis décidé à prendre ce parti.

Hier matin, les bêlements de Blanchette m'ont tiré d'un rêve affreux. Je me voyais, les mains ensanglantées, dépeçant les membres palpitants de ce pauvre animal; la tête gisait devant moi, et j'entendais cependant sortir de son gosier des bêlements douloureux. C'étaient ceux qui frappaient réellement mes oreilles. Je me suis réveillé, les joues toutes mouillées de pleurs. Quel plaisir de revoir Blanchette encore vivante! J'ai couru auprès d'elle : elle était plus caressante que jamais... Ma joie n'a pas été de longue durée; j'ai réfléchi que mes vivres seraient épuisés dans deux jours : il fallait me résoudre. J'ai pris un couteau, et je me suis occupé à l'affiler sur le foyer. J'étais au désespoir: il me semblait que j'allais commettre un assassinat, et, après m'être avancé en chancelant pour frapper Blanchette, je me suis arrêté, saisi de remords.

Le froid me glaçait les mains : ce me fut une raison de différer encore cet acte, pour lequel j'avais tant de répugnance; j'allumai un bon feu, et me mis à rêver en me chauffant.

Si les loups peuvent marcher sur la neige, me suis-je dit tout à coup, pourquoi n'y marcherions-nous pas aussi?

Cette idée m'a fait tressaillir de joie; puis la crainte m'a saisi. J'irais me livrer à ces bêtes affamées, et, pour ne pas faire de Blanchette ma pâture, je m'exposerais à devenir celle des loups!

Et, si je tue la chèvre, me suis-je dit après, sais-je bien si la chair me suffira jusqu'au moment de ma délivrance? J'ai vu quelquefois le Jura tout blanc jusqu'à l'été : ne perdons pas l'occasion qui s'offre à moi, pendant que la neige est glacée!... Une attaque des loups pendant notre course n'est rien moins que certaine; car, si je pars, notre marche sera prompte; nous descendrons en traîneau!...

Je me suis levé en sursaut à cette pensée. Ma résolution était prise, et, dès ce moment, j'ai travaillé à l'exécution.

Deux jours m'ont suffi pour fabriquer grossièrement la voiture nécessaire à notre voyage. J'ai consacré à cet usage le meilleur bois qui me restait. J'ai donné aux bases du traîneau une grande largeur, pour éviter qu'il enfonçât. Je me placerai sur le devant : j'attacherai la chèvre derrière moi, et je lui lierai les pieds, de manière à ne lui permettre aucun mouvement. Accoutumé, dans les jeux de mon enfance, à guider un traîneau sur des pentes rapides, j'espère, s'il ne survient pas d'accident, arriver bientôt dans la plaine.

Cependant je vais me coucher avec une grande émotion. Je regarde avec attendrissement cette prison où j'ai tant souffert, où je laisserai les cendres de mon grand-père! Je pense avec effroi à la distance du village; mais je ne reculerai pas. L'idée d'être bientôt certain du sort de mon père me donne une impatience incroyable. La voiture est prête. Voici la corde dont je lierai les pieds de Blanchette; voici la gerbe qui lui servira de lit et d'abri; enfin voici l'*Imitation de Jésus-Christ.* Je ne m'en séparerai plus; je veux qu'elle me suive à la vie et à la mort. C'est avec elle que je dis dans ces derniers moments :

SEIGNEUR, JE SUIS ARRIVÉ A CETTE HEURE, AFIN QUE VOTRE GLOIRE ÉCLATE, LORSQUE, AYANT ÉTÉ DANS UNE GRANDE TRIBULATION, VOUS M'EN AUREZ DÉLIVRÉ ! QU'IL VOUS PLAISE, SEIGNEUR, DE M'EN TIRER : CAR QUE PUIS-JE FAIRE, PAUVRE COMME JE SUIS, ET OU IRAI-JE SANS VOUS?... AIDEZ-MOI, MON DIEU, ET JE NE CRAINDRAI RIEN.

Dans la maison de mon père.

Le 2 mars

Je suis auprès de lui. Il vient de relire mon journal, que je n'ai pas eu besoin de laisser dans le chalet, et il me presse d'écrire la conclusion. Le trouble où je suis encore, après une semaine de bonheur, ne me laissera pas les moyens de raconter avec beaucoup d'ordre la dernière scène de ma captivité. Les choses se sont passées bien autrement que je ne m'y attendais.

Le 21 février, le froid me parut encore plus rigoureux : je résolus donc de ne pas perdre un instant. Il fallait ouvrir un passage suffisant pour le traîneau; mais je pouvais rejeter la neige dans le chalet, et cela me rendait le travail plus facile; je l'entrepris sur-le-champ, et m'y livrai avec tant d'ardeur qu'enfin je me fatiguai. Je fus obligé de m'arrêter un instant. J'allumai du feu.

A peine la fumée venait-elle de s'élever, que j'entendis un grand bruit au dehors; ma première pensée fut que les loups m'avaient aperçu, et qu'ils allaient me dévorer : je fermai vivement la porte. Ma frayeur ne dura pas longtemps; je m'entendis bientôt appeler distinctement par mon nom, et je crus même reconnaître la voix. Je répondis de toutes mes forces.

Des cris de joie me prouvèrent que j'avais été entendu.

Aussitôt il se fit, du côté de la porte, un bruit confus de voix, comme de gens qui s'animaient au travail. Au bout de quelques minutes, une ouverture assez large achevait l'ouvrage que j'avais commencé.

IL FALLAIT OUVRIR UN PASSAGE SUFFISANT POUR LE TRAINEAU

Mon père attendit à peine que le passage fût praticable; il s'élança dans le chalet, en poussant un cri. J'étais dans ses bras.

— Et ton grand-père? me dit-il.

J'étais trop saisi pour lui répondre. Je le conduisis dans la laiterie. Il se jeta à genoux sur la tombe; j'en fis autant, et, comme j'essayais de lui raconter avec détail ce qui s'était passé, il vit, à mon émotion, que cette tentative était au-dessus de mes forces.

— Plus tard, mon enfant, me dit-il. Ne nous exposons pas à un nouveau malheur. Le temps nous presse ; le retour ne sera pas facile.

MES ONCLES ÉTAIENT AVEC NOUS

Les hommes qui l'accompagnaient étaient entrés. C'étaient mes deux oncles, et Pierre, notre valet.

Tous m'embrassèrent. Ils virent mes préparatifs, qui furent approuvés. On décida de partir sur-le-champ. Mes libérateurs avaient placé sous leurs pieds des planchettes armées de petites pointes. Ils en avaient apporté deux paires de surplus. Hélas ! Il y en avait une inutile. Je me chaussai de l'autre.

Pierre fut chargé du traîneau. Les loups pouvaient venir, s'il leur plaisait : nous étions tous armés. Mon père me prit par la main, et me mit sur l'épaule un léger fusil.

— Ce n'est pas le moment, dit-il, d'emporter la dépouille mortelle de mon père. Nous reviendrons la chercher aussitôt que la saison le permettra, pour lui rendre convenablement au village les derniers honneurs.

APRÈS AVOIR CHEMINÉ SUR LA NEIGE

— Vous devinez, ai-je dit, la volonté de mon grand-père.

Alors nous sommes rentrés un moment dans la laiterie ; mes oncles étaient avec nous. Après quelques instants de silence :

9

— Adieu ! s'est écrié mon père tout éploré. Je fais ce que vous m'auriez ordonné sans doute, en éloignant d'ici le plus tôt possible cet enfant, qui ne vous a pas causé moins d'alarmes qu'à nous. Adieu, mon père !

Nous partîmes les larmes aux yeux. La descente fut rapide, mais fatigante. Je fus surtout ébloui de la lumière du soleil et de l'éclat de la neige. Le froid était rigoureux, et je ne m'en plaignais pas : c'était ce qui m'avait sauvé. Blanchette devait la vie à ce vent glacé qui la faisait grelotter sur son traîneau.

ON EMPORTA MON PÈRE SANS CONNAISSANCE

Après avoir cheminé sur la neige, sans autre accident que d'enfoncer un peu de temps en temps, nous arrivâmes à l'endroit, fort éloigné du village, jusqu'où l'on avait ouvert le chemin pour essayer de venir à nous. Je fus frappé en voyant l'immense travail qu'il avait dû coûter, et je compris que, sans la gelée, je n'aurais pu être délivré de bien longtemps.

— Vous l'auriez été dès le mois de décembre, si le froid s'était soutenu, m'a dit mon père ; mais la neige s'est amollie, et il a fallu renoncer à ce travail. Apprends, mon cher Louis, que nos voisins n'ont manqué ni de charité ni de zèle ; mais, de mémoire d'homme, il n'était tombé autant de neige. Quatre fois on a ouvert la route, et quatre fois elle a été fermée comme auparavant.

— Était-elle fermée dès le premier jour ? ai-je dit ensuite.

ENTRÉE AU VILLAGE

Alors mon père m'apprit une circonstance bien malheureuse : il avait manqué de périr au milieu d'un éboulement de neige, en descendant de la montagne ; on l'avait relevé mourant au bord d'un ravin, et, à quelques pas, on avait retrouvé le bâton de mon grand-père et ma bouteille.

On emporta mon père sans connaissance, et il fut trois jours dans ce fâcheux état. On avait perdu ce temps à nous chercher dans la neige au fond du ravin. Quand mon père fut revenu à lui, il était trop tard pour faire en notre faveur une tentative, qui eût été déjà fort dangereuse, sinon impossible, dès le premier jour.

Je ne parlerai pas des tourments de mon père ni de ses efforts pour nous sauver ; on avait encore plus souffert au village qu'au chalet. Tous nos voisins, accourus à ma rencontre, m'ont témoigné leur affection, et je rougissais d'en avoir douté.

Chacun veut voir Blanchette ; on lui fait mille caresses à cause de moi, On lui réserve le meilleur foin, la meilleure litière : elle sera la plus fêtée et la plus heureuse des chèvres.

Dieu m'a sauvé la vie, et je le bénis ; il n'a pas permis que mon grand-père pût revoir sa famille : cet ami, que je pleure, m'a enseigné à ne jamais murmurer contre les décrets de la Providence. Mais elle n'exige de moi que la résignation, et n'est pas offensée de mes regrets. Mon Dieu, si je vous aime, je le dois à celui dont vous m'avez séparé : faites que je vous sois fidèle comme lui, afin de le rejoindre un jour dans le ciel !

FIN

LE MONDE VU PAR LES ARTISTES

GÉOGRAPHIE ARTISTIQUE

PAR

RENÉ MÉNARD

Beau volume in-8 jésus, orné de plus de 600 gravures d'après les grands maîtres.

Broché.. 25 fr.
Richement relié, fers spéciaux.. 32 fr.
100 exemplaires numérotés sur papier vélin, broché.............................. 50 fr.

LA MYTHOLOGIE DANS L'ART ANCIEN ET MODERNE

PAR

RENÉ MÉNARD

SUIVI D'UN APPENDICE SUR LES ORIGINES DE LA MYTHOLOGIE

Par EUGÈNE VÉRON

Un beau volume grand in-8 jésus, orné de plus de 500 gravures.

Titre en deux couleurs, broché.. 25 fr.
Richement relié fers spéciaux.. 32 fr.
Il reste quelques exemplaires numérotés sur papier de Hollande, broché.................. 50 fr.

VOYAGE AU CAMBODGE

L'ARCHITECTURE KHMER

Par L. DELAPORTE

LIEUTENANT DE VAISSEAU

Officier de la Légion d'honneur; officier de l'Instruction publique, etc., etc.
Chef de la Mission d'exploration des monuments Khmers (1873); organisateur du musée Khmer (1874-1878)
Membre de la Mission d'exploration du Mé-Kong et de l'Indo-Chine (1866, 1867, 1868).

Ouvrage illustré par l'auteur d'après ses croquis recueillis pendant son voyage, et de 30 gravures hors texte sur papier teinté dont 10 sur double page

Plus de 200 dessins et 50 reproductions photographiques et une carte de l'Indo-Chine en chromolithographie

Un magnifique vol. grand in-8 jésus, titre en deux couleurs. Prix : broché.................... 20 fr.
Richement relié. tranche dorée, fers spéciaux, dessinés par l'auteur...................... 28 fr.
Il reste quelques exemplaires numérotés sur papier vélin, broché......................... 40 fr.

LES GRANDES ÉPOQUES DE LA FRANCE

DES ORIGINES A LA RÉVOLUTION

PAR MM.

HUBAULT	MARGUERIN
Professeur d'histoire au lycée Louis-le-Grand.	Directeur de l'École municipale Turgot.

OUVRAGE COURONNÉ PAR L'ACADÉMIE FRANÇAISE

Un fort volume grand in-8, illustré de 200 vignettes dessinées par M. GODEFROY-DURAND, gravées sur bois par nos meilleurs artistes.

Prix broché : 12 fr., toile, tr. dorées : 15 fr, demi-reliure chagrin, tr. dorées : 17 fr.

PARIS. — IMPRIMERIE ÉMILE MARTINET, RUE MIGNON, 2.

www.ingramcontent.com/pod-product-compliance
Ingram Content Group UK Ltd.
Pitfield, Milton Keynes, MK11 3LW, UK
UKHW021056200726
13857UKWH00003B/953